［過去問］

2025
西武学園文理小学校
入試問題集

・問題内容についてはできる限り正確な調査分析をしていますが、入試を実際に受けたお子さんの記憶に
基づいていますので、多少不明瞭な点はご了承ください。

Shinga-kai

西武学園文理小学校

過去10年間の入試問題分析
出題傾向とその対策

▌2024年傾向

考査は例年通り、ペーパーテスト、集団テスト、運動テストが行われ、ペーパーテストは話の記憶、推理・思考、言語、模写など幅広い分野から出題されました。例年通り難易度が高く、問題数も多めの出題でした。

▌傾　向

考査は1日で、男女混合のグループに分かれてペーパーテスト、集団テスト、運動テストが行われます。ペーパーテストでは話の記憶や理解、数量、言語、常識、推理・思考、構成、模写、観察力など幅広い項目から難易度の高い問題も出されています。話の記憶は短いお話も多いですが、音声で出題されるため、要点をしっかり聞き取り、順番や要素など話の内容をきちんと記憶できるようにしておきましょう。数量では計数や対応などが多く出題され、付随する条件やお約束を理解して解答する力が求められます。言語ではしりとりや言葉作りの出題が多く、ほかには指定された音が入っているものを選んだり、いくつかの言葉の初めの音や最後の音をつないでできるものを選んだりするなど、言葉の音に関する問題が毎年出されています。常識では道徳や判断力の問題のほか、2020年度は家事、2021、2023年度はスポーツや仕事などに使う道具を選ぶ問題が出され、生活体験にも根ざした年齢相応の知識が備わっているかを見られていると思われます。推理・思考は重さ比べ、対称図形、重ね図形、回転図形、条件迷路、ルーレットなどさまざまな項目から出題されています。構成ではお手本を作るために使うもの、または使わないものを選ぶといった、形を認識する力が必要です。観察力では同時に2つのお手本と同じものを多くの選択肢の中から探す問題などがあり、短時間でしっかり違いを見極められる集中力が見られているようです。集団テストでは絵画、集団ゲームや自由遊びなどの行動観察が行われます。絵画では毎年、クーピーペンを使用して与えられたテーマに合わせて絵を描く課題画が出題されています。また、2022～2024年度は絵を描き終えた後、台紙の点線に沿ってはさみで切り取る課題も出されています。集団ゲームでは、絵カードに描かれているものを当てるゲーム、紙コップ積みやジャン

ケン電車など、ルールのある遊びを行います。自由遊びは、ドミノやソフト積み木、おままごとセットやぬいぐるみ、縄跳びやフープなどが用意されており、グループで遊びます。運動テストは、台からのジャンプ、前転、鉄棒のぶら下がり、平均台、クマ歩きやスキップ、フープを使った縄跳びのような運動などいくつかの運動を組み合わせた連続運動が行われています。テスターのお手本をきちんと覚えて、自主的に次の運動へと進めていけるかどうかがポイントです。考査は2時間20分～3時間と長時間行われ、考査の合間の子どもの様子も観察されているようです。親子面接では、子どもへの質問が多く、1つのことを掘り下げて聞かれます。しっかりと自分の言葉で大人と会話できるかどうかが見られているといえるでしょう。

対 策

例年、ペーパーテストでは指示をしっかり聞き、きちんと取り組む力を見る課題が広範囲の領域から出されます。複数の指示を的確に理解する力、集中して作業ができるような根気や忍耐力を普段から身につけておきましょう。話の記憶ではお話が短い分、細かい点まで聞き取る力を養っておく必要があります。数量、推理・思考では、お約束の説明や指示を正しく聞き取り、理解して取り組む力をつけておきましょう。日常でも、お手伝いのときなどに複数の指示を一度に出してみたり、条件をつけたりするなど、その内容を理解したうえで取り組ませるような工夫をしてみるのもよいでしょう。また、言語も毎年出題されるので、絵本の読み聞かせを通し、さまざまな表現や言い方に興味や関心を持たせたり、身の回りのものや動物、植物などの名前を図鑑を見て確認させたりしながら語彙力を高めていきましょう。絵画ではクーピーペンを使って絵を描きます。クーピーペンとクレヨンとでは、線をかくときや塗るときの感覚、必要な筆圧などに違いがあります。普段クレヨンを使うことが多いお子さんは、クーピーペンを使うことにも慣れておくとよいでしょう。また、描こうとする動物や人間がどのような場所にいるのかなど、背景も含めて描けるようにしておきましょう。集団テストでは、知らないお友達とでも積極的に仲よく遊び、共用する道具を大切に使うことが大事です。いろいろな場を体験して初めてのお友達とも仲よく行動できる力をつけていくこと、また途中で遊びをやめて片づけるなどの切り替えや、メリハリのある行動がとれることを、普段から心掛けておきましょう。男女混合で行われますから、日ごろから男女を問わず一緒に遊んだり、作業をしたりする機会を設けるとよいでしょう。運動テストでは、ケンパー、スキップなどの基本的な運動、ボール、マット、鉄棒、平均台などの遊具や器具を使う運動が組み合わされて、連続運動として毎年出題されています。指示を守りお手本をしっかり見て、順番通りにできることが大切です。なお長時間の考査になりますので、テスターの指示をよく聞き活動や課題をこなす集中力に加え、それを最後まで持続できるような体力も養っておきましょう。

年度別入試問題分析表

【西武学園文理小学校】

	2024	2023	2022	2021	2020	2019	2018	2017	2016	2015
ペーパーテスト										
話	○	○	○	○	○	○	○	○	○	○
数量		○	○	○	○	○	○	○	○	○
観察力					○		○			
言語	○	○	○	○	○	○	○	○	○	○
推理・思考	○	○	○	○	○	○	○	○	○	○
構成力					○			○		
記憶		○				○				
常識		○	○	○	○	○	○		○	○
位置・置換	○	○				○				
模写	○				○		○			
巧緻性	○								○	○
絵画・表現										
系列完成			○					○		
個別テスト										
話										
数量										
観察力										
言語										
推理・思考										
構成力										
記憶										
常識										
位置・置換										
巧緻性										
絵画・表現										
系列完成										
制作										
行動観察										
生活習慣										
集団テスト										
話										
観察力										
言語	○	○								
常識										
巧緻性	○	○	○	○	○	○	○	○		
絵画・表現	○	○	○	○	○	○	○	○	○	○
制作										
行動観察					○	○	○	○	○	○
課題・自由遊び					○	○	○	○		○
運動・ゲーム	○	○	○	○	○	○	○	○	○	○
生活習慣										
運動テスト										
基礎運動										○
指示行動										
模倣体操	○	○	○	○	○					
リズム運動										
ボール運動										
跳躍運動					○	○	○		○	○
バランス運動										
連続運動	○	○	○	○	○	○	○	○	○	○
面接										
親子面接	○	○	○	○	○	○	○	○	○	○
保護者(両親)面接										
本人面接										

※伸芽会教育研究所調査データ

小学校受験Check Sheet

　お子さんの受験を控えて、何かと不安を抱える保護者も多いかと思います。受験対策はしっかりやっていても、すべてをクリアしているとは思えないのが実状ではないでしょうか。そこで、このチェックシートをご用意しました。1つずつチェックをしながら、受験に向かっていってください。

✳ ペーパーテスト編

①お子さんは長い時間座っていることができますか。

②お子さんは長い話を根気よく聞くことができますか。

③お子さんはスムーズにプリントをめくったり、印をつけたりできますか。

④お子さんは机の上を散らかさずに作業ができますか。

✳ 個別テスト編

①お子さんは長時間立っていることができますか。

②お子さんはハキハキと大きい声で話せますか。

③お子さんは初対面の大人と話せますか。

④お子さんは自信を持ってテキパキと作業ができますか。

✳ 絵画、制作編

①お子さんは絵を描くのが好きですか。

②お家にお子さんの絵を飾っていますか。

③お子さんははさみやセロハンテープなどを使いこなせますか。

④お子さんはお家で空き箱や牛乳パックなどで制作をしたことがありますか。

✳ 行動観察編

①お子さんは初めて会ったお友達と話せますか。

②お子さんは集団の中でほかの子とかかわって遊べますか。

③お子さんは何もおもちゃがない状況で遊べますか。

④お子さんは順番を守れますか。

✳ 運動テスト編

①お子さんは運動をするときに意欲的ですか。

②お子さんは長い距離を歩いたことがありますか。

③お子さんはリズム感がありますか。

④お子さんはボール遊びが好きですか。

✳ 面接対策・子ども編

①お子さんは、ある程度の時間、きちんと座っていられますか。

②お子さんは返事が素直にできますか。

③お子さんはお父さま、お母さまと3人で行動することに慣れていますか。

④お子さんは単語でなく、文で話せますか。

✳ 面接対策・保護者（両親）編

①最近、ご家族での楽しい思い出がありますか。

②ご両親の教育方針は一致していますか。

③お父さまは、お子さんのお家での生活や幼稚園・保育園での生活をどれくらいご存じですか。

④最近タイムリーな話題、または昨今の子どもを取り巻く環境についてご両親で話をしていますか。

section 2024 西武学園文理小学校入試問題

■ 選抜方法

考査は指定日の1日。男女混合のグループで、ペーパーテスト、集団テスト、運動テストを行う。所要時間は2時間20分〜3時間。考査日前の指定日時に親子面接があり、所要時間は10〜15分。

┃ ペーパーテスト ┃ 筆記用具は赤のフェルトペンを使用し、訂正方法は//（斜め2本線）。出題方法は音声。

周りの人に話しかけない、隣のプリントをのぞかない、プリントやペンを落としたときやトイレに行きたいときは、黙って手を挙げる、やめと言われたらすぐに筆記用具を置くよう指示がある。プリントの1枚目に生き物の絵が描いてあり、生き物の名前を言われたらプリントをめくる。

1 話の記憶

「今度の日曜日は動物村のお友達みんなで、バスに乗って図書館に行くことになりました。『じゃあ、日曜日は公園で待ち合わせをしましょう。待ち合わせの時間を間違えないようにね』とヒツジさんが言いました。日曜日の朝、動物たちは公園に集まりましたが、イヌ君がまだ来ません。『どうしちゃったんだろうね？』動物たちが心配そうに話していると、イヌ君が向こうから『みんな、ごめん！　寝坊しちゃったんだ……』と息を切らしながら走ってきました。いよいよ出発です。まずは、公園を出てバス停に向かいます。『早くしないとバスの時間になっちゃうよ』と少し急いで歩いていると、『あっ！』クマ君が、道を歩いているおばあさんにぶつかりそうになってしまいました。おばあさんはびっくりした様子でしたが、急いでいたクマ君はおばあさんに謝らずに、そのまま行ってしまいました。何とかバスに間に合って、ほっと一息です。落ち着いてから、ヒツジさんが『クマ君、ぶつかりそうになったら知らない人でも謝らないといけないよ』と言うと、クマ君はしょんぼりして『うん、そうだね。今度から気をつけるよ』と答えました。バスが図書館に着きました。中に入るとたくさんの本が棚に並んでいて、みんな静かに本を読んで過ごしています。動物たちは小さな声で『好きな本を1冊ずつ選んで、またここに集まろうよ』と相談しました。クマ君は魚の本を選びました。ヒツジさんはお花の本、イヌ君は虫の本を選びました。ヒヨコさんとサルさんは走り回っていたのでお互いぶつかってしまい、『静かにしましょうね』と図書館の人に注意されました。『ごめんなさい。気をつけます』と2匹は謝って、ヒヨコさんは車の本、サルさんは金太郎の本を選びました。しばらく静かに本を読んだ後、動物たちは図書館の外へ出て、きれいに咲いたチューリップ畑の隣でお弁当を食べました。その後はそれぞれの本を交換して読みました。あっという間に夕方に

なり、そろそろ図書館が閉まる時間です。動物たちは好きな本を借りて帰ることにしました。ヒツジさんは4冊、イヌ君は3冊、クマ君は5冊、サルさんとヒヨコさんは1冊ずつ借りました。帰りのバスの中では読んだ本について、気づいたことや面白かったことをお話ししました」

・一番上の段です。待ち合わせに遅れてきた動物に○をつけましょう。
・2段目です。図書館で注意された動物に○をつけましょう。
・同じところです。動物たちはそれぞれ何の本を選びましたか。合うものを下から選んで、点と点を線で結びましょう。
・3段目です。おばあさんにぶつかりそうになったとき、謝らなかった動物に○をつけましょう。
・4段目です。イヌ君は最後に何冊の本を借りましたか。その数だけ、○をかきましょう。
・一番下の段です。これからお話しすることを聞いて、先ほどのお話と合うものには○、違うものには×を、それぞれの果物や花の絵につけましょう。
　モモ　「動物たちは電車で図書館に行きました」
　ウメ　「最後に、一番多く本を借りたのはクマ君です」
　スイカ「このお話は、タンポポが咲く季節と同じ季節のお話です」

2　話の記憶

「動物村の美術館で、展覧会が行われることになりました。動物幼稚園の動物たちみんなの作品も飾られることになり、幼稚園は準備で大忙しです。作品ができあがり、明日はいよいよ展覧会の日です。動物たちはドキドキして、夜はなかなか眠れませんでした。展覧会の朝になりました。動物たちは美術館の前で待ち合わせをしています。待ち合わせ場所にやって来たトラさんとリスさんが『今日は楽しみだね！』と話していると、クマ君とウシ君がやって来ました。『あとはウサギさんだけだね』と待っていると、自転車に乗ったウサギさんがやって来るのが見えました。ウサギさんは急いでいたので、曲がり角でおばあさんとぶつかりそうになってしまいました。おばあさんは驚いた様子でしたが、ウサギさんは『ふう、危なかったなあ』と言って、すぐに自転車を漕ぎ出しました。美術館に着いたウサギさんに、クマ君が『さっき、ウサギさんはおばあさんにぶつかりそうになったでしょう。驚かせてしまったのだから、おばあさんに謝らないといけないよ』と注意しました。そう言われてウサギさんはしばらくしょんぼりしていました。美術館に入ると、幼稚園の動物たちが作った作品が奥の方に並んでいます。トラさんは自分の作品を早く見たくて走り出しました。『危ないよ！』クマ君が言った途端、トラさんは作品が並んでいる台の近くで転んでしまいました。そのとき、一番端に置いてあったリスさんの作品のお弁当のトマトが床に落ちて、形が変わってしまいました。そのトマトをウシ君は拾ってこっそり直し、そっと元に戻してあげました。『ウサギさんの作ったケーキ、とってもおいし

そうで本物みたいだね』とクマ君が言うと『ありがとう。クマ君の作ったお城もすごく立派だね』と話しています。『トラさんは何を作ったの？』とウシ君が聞くと『ロケットを作ったよ。いつか宇宙に行ってみたいんだ』とトラさんが答えました。『ウシ君の作った車、かっこいいね。みんなもかっこいいねってほめていたよ。わたしも欲しくなっちゃった』とリスさんが言いました。ウシ君は『リスさんが作ったおいしそうなお弁当をくれるなら、僕の車をあげるよ』とうれしそうにしています。リスさんとウシ君は、後で作品を交換することにしました。夕方になり、大勢の人でにぎわった展覧会もそろそろおしまいです。動物たちはそれぞれの作品を持ってバスに乗りました。そしてお友達の作品のよいところや自分が頑張ったところをお話ししながら、お家へと向かいました」

- 一番上の段です。待ち合わせ場所に最後にやって来た動物に○をつけましょう。
- 2段目です。動物たちは、展覧会に飾るためにそれぞれ何を作りましたか。合うものを下から選んで、点と点を線で結びましょう。
- 同じところです。最後にリスさんは作品を交換しましたね。リスさんがもらったものを選んで、○をつけましょう。
- 3段目です。美術館でよくないことをした動物に○をつけましょう。
- 4段目です。トラさんが落とした作品をこっそり直した動物に○をつけましょう。
- 一番下の段です。これからお話しすることを聞いて、先ほどのお話と合うものには○、違うものには×を、それぞれの果物の絵につけましょう。
  サクランボ「動物たちは公園で待ち合わせをしました」
  スイカ　　「ウサギさんは急いでいておばあさんとぶつかりそうになったので、おばあさんに謝りました」
  モモ　　　「作品を持った動物たちは、バスに乗って帰りました」

3 言　語

- 左上の四角の絵と最初の音が同じものに○を、最後の音が同じものには△をつけましょう。また、同じ季節のものには×をつけてください。左も右もやりましょう。

4 推理・思考（比較）

A

黒と白のマス目があります。
- 上の段です。黒のマス目が多いときはイチゴに、白のマス目が多いときはリンゴに○をつけましょう。
- 下の段です。黒のマス目が白のマス目より多くなるように、マス目を塗りましょう。

B
- 上の動物たちが一番下にある果物を取りに行きます。それぞれのマス目の白の方が多い

ときは細い点線を、黒の方が多いときは太い点線をなぞって進みます。最後にたどり着いた果物に、それぞれの動物の上にある印をつけましょう。

5 言 語

- 左側にある縦や横に並んだマス目には、それぞれマス目と同じ数の音の名前が入ります。ただし、二重四角のマス目には同じ音が入るというお約束です。丸、三角、バツ、二重丸の列のマス目にピッタリ入るものを右側から選んで、それぞれの印をつけましょう。星の印の段を見ましょう。○の印のところから矢印の向きにマス目が2つ、△の印のところから矢印の向きにマス目が3つ、下の横向きにもマス目が3つ並んでいます。同じマス目から始まる最初の音が同じものを選ぶと横には「アリ」、縦には「アイス」が入りますね。絵にそれぞれの印をつけましょう。今と同じやり方でそれぞれの列に入るものを右側から選んで、それぞれの印をつけましょう。

6 位置の移動

マス目の中におじいさんとおばあさん、男の子と女の子がいます。

- 男の子はリンゴの方に3つ進み、サクランボの方に2つ、メロンの方に2つ進みました。男の子が着いたところに○をかきましょう。
- 女の子はメロンの方に4つ進み、サクランボの方に3つ、リンゴの方に5つ、バナナの方に2つ進みました。女の子が着いたところに△をかきましょう。
- 今度は果物ではなく、上、下、右、左でお話をします。上はサクランボ、下はバナナ、右はリンゴ、左はメロンと同じ向きということです。おばあさんは下に4つ、左に2つ、下に1つ、左に2つ、上に3つ進みました。おばあさんが着いたところに□をかきましょう。
- おじいさんは右に3つ、下に4つ、右に3つ、上に5つ、左に3つ進みました。おじいさんが着いたところに×をかきましょう。

7 推理・思考（重ね図形）

- 透き通った2枚の紙にかいてある左の絵を、黒い点が合うように重ねるとどのようになりますか。正しいものを右側から選んで、○をつけましょう。

8 言語（しりとり）

- 階段のそれぞれの段の絵がしりとりでつながるようにします。印がかいてあるところに入るものを右側の四角の中から選んで、それぞれの印をつけましょう。

9 点図形

・上の４つです。左側のお手本と同じになるように、右側にかきましょう。

・下の４つは、上がお手本です。黒い小さな長四角がありますね。上のお手本を下にパタンと折り黒い長四角を下にしたとき、絵はどのようになるか、下にかきましょう。

10 推理・思考

矢印の方向に回る観覧車に、先頭のウサギから順番に動物たちが乗っていきます。動物たちは乗ったゴンドラの星と同じ数だけ、星のシールをもらいます。

・サイコロ１のところです。先頭のウサギが星２つのゴンドラに乗ります。動物たちが順番に乗っていくと、星４つのゴンドラにはどの動物が乗りますか。その動物に○をつけましょう。

・サイコロ２のところです。今度は先頭のウサギから２匹一緒にゴンドラに乗ります。星５つのゴンドラにはどの動物が乗りますか。その動物２匹に○をつけましょう。

・サイコロ３のところです。今度は先頭のウサギから順番に１匹ずつ乗ります。どの動物も順番にそれぞれ２回ずつ乗ると、サルは星のシールを全部で何枚もらえますか。その数だけ、○をかきましょう。

・サイコロ４のところです。同じように順番にどの動物も２回ずつ観覧車に乗るとき、星のシールを一番多くもらえるのはどの動物ですか。その動物に○をつけましょう。

・サイコロ５のところです。同じように順番にどの動物も２回ずつ観覧車に乗るとき、同じ数の星のシールをもらえるのはどの動物たちですか。その動物に○をつけましょう。

11 巧緻性・置換

・□、△、×、○の順番でマス目にかいていきましょう。「やめ」と言われたら、そこからはバツが入るところにだけ◎をかきましょう。最後までやってください。

▌ 集団テスト ▌

📘 絵画（課題画）・巧緻性

一部に絵（家、プレゼントの箱など）や点線が印刷されたＢ４判の台紙、クーピーペン（６、７色）、はさみが用意されている。課題は日時により異なり、印刷された絵に色を塗ってから「家の隣にお手伝いをしている自分を描く」「プレゼントの箱の隣にもらったプレゼントと喜んでいる自分を描く」などがある。絵を描き終わったら台紙の点線をはさみで切る。

〈出題例〉

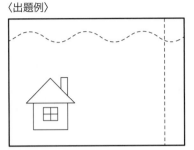

B4版の台紙に家の絵と点線が印刷されている

言　語

絵を描いている途中で、以下のような質問がある。

・何を描いていますか。

・どのようなところがよく描けましたか。

集団ゲーム（ジェスチャーゲーム）

グループに分かれて行う。テスターが動物のまねをするので、どの動物が何をしているところかグループで相談する。わかったら、グループ全員で声を合わせて一斉に答える。出題例としてウサギが野球（ゴルフ、ダンス）をしているところ、ゾウがバナナをむいて食べているところ、カニがお風呂に入っている（ジャンケンをしている）ところ、ゴリラがサッカーをしているところなどがある。

運動テスト

模倣体操

テスターのまねをして準備体操をする。

連続運動

待っている間はお約束の線から出ない、体操座りをきちんとする、お友達のじゃまをしないというお約束がある。

・平均台を渡る→フープの中をケンパーで進む→両手をマットにつけたまま両足をカエルのように上に跳ね上げて足裏をパチンと合わせる→マットで前転をする→ゴールまでスキップをする。

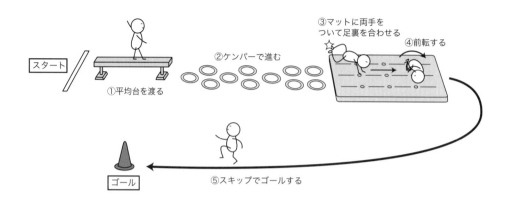

①平均台を渡る ②ケンパーで進む ③マットに両手をついて足裏を合わせる ④前転する ⑤スキップでゴールする スタート ゴール

親 子 面 接

本 人

・お名前、幼稚園（保育園）名を教えてください。

・お家の電話番号と住所を教えてください。

・誕生日を教えてください。

・幼稚園（保育園）の先生の名前を教えてください。

・幼稚園（保育園）で仲よしのお友達2人（または3人）の名前を教えてください。

・幼稚園（保育園）では何をして遊びますか。

・お外では何をして遊びますか。

・幼稚園（保育園）は給食ですか、お弁当ですか。お弁当は誰が作りますか。小学校は給食ですが大丈夫ですか。

・好きな食べ物は何ですか。嫌いな食べ物が出てきたらどうしますか。

・お父さま、お母さまの好きな料理は何ですか。

・お休みの日は何をしていますか。

・お家ではお手伝いをしていますか。どんなお手伝いですか。そのときに気をつけることはどんなことですか。

・お父さま、お母さまにはどんなときにほめられますか。

・一緒に勉強するのはお父さまですか、お母さまですか。

・将来の夢は何ですか。何になりたいですか。どうしてそれになりたいのですか。

・この学校に来たことはありますか。そのときの感想を教えてください。
・この学校の名前は言えますか。
・この学校に入学してから頑張りたいことは何ですか。

父 親

・自己紹介（仕事のことや家族のこと）をお願いします。
・ご家族を紹介してください。
・志望理由をお聞かせください。
・説明会などで来校した際の印象を教えてください。
・休日はお子さんとどのように過ごしていますか。
・ご家庭の教育方針を教えてください。
・差し支えなければ併願校を教えてください。
・どこの幼児教室に通っていますか。いつから通っていますか。お子さんは幼児教室に通ってどのように成長しましたか。
・視力や利き手など、考査で配慮することはありますか。

母 親

・本校に出願した理由をお話しください。
・本校を知ったきっかけと志望理由についてお答えください。
・説明会には参加されましたか。その際の印象はいかがでしたか。
・私立小学校についてどのように思われますか。私立学校全体を想定してお話しください。
・お仕事はしていますか。何をしていますか。行事には参加できますか。緊急時のお迎えは可能ですか。
・今の幼稚園（保育園）に入園したのはなぜですか。
・どのようなお子さんですか。
・お子さんの長所と短所についてお話しください。
・幼児教室には通っていますか。いつから通っていますか。
・幼児教室でのお子さんの様子を教えてください。通っていることでお子さんはどのように変わったと思いますか。

面接資料／アンケート

Ｗｅｂ出願時に面接資料を入力する。以下のような項目がある。

・出願理由（3点、優先順位の高い順に入力。120～240文字程度）。
・家庭での教育で特に留意されている点（120～240文字程度）。
・お子さんの長所と短所（120～240文字程度）。
・本校を知ったきっかけ（選択式）。

・本校に期待すること（選択式）。

・通学時間。

1

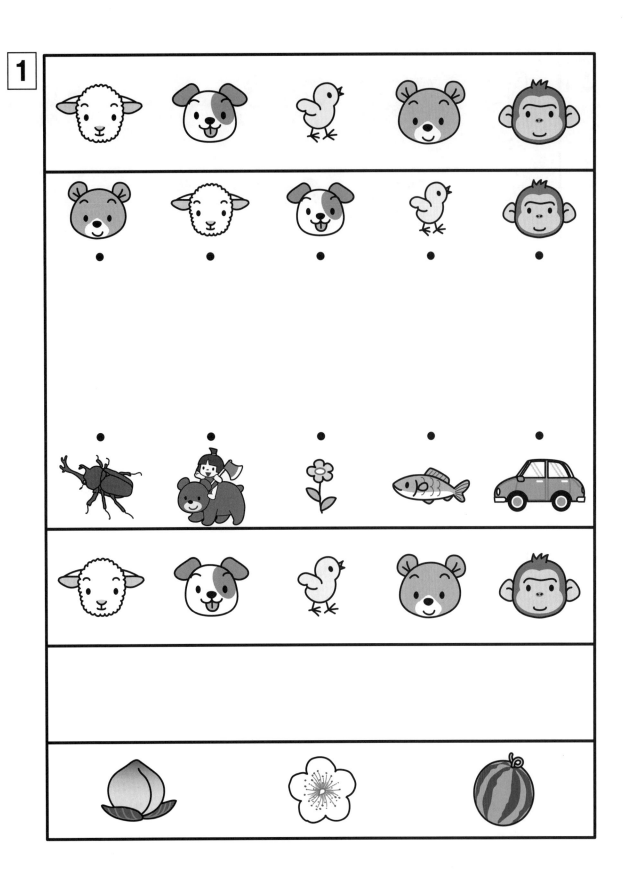

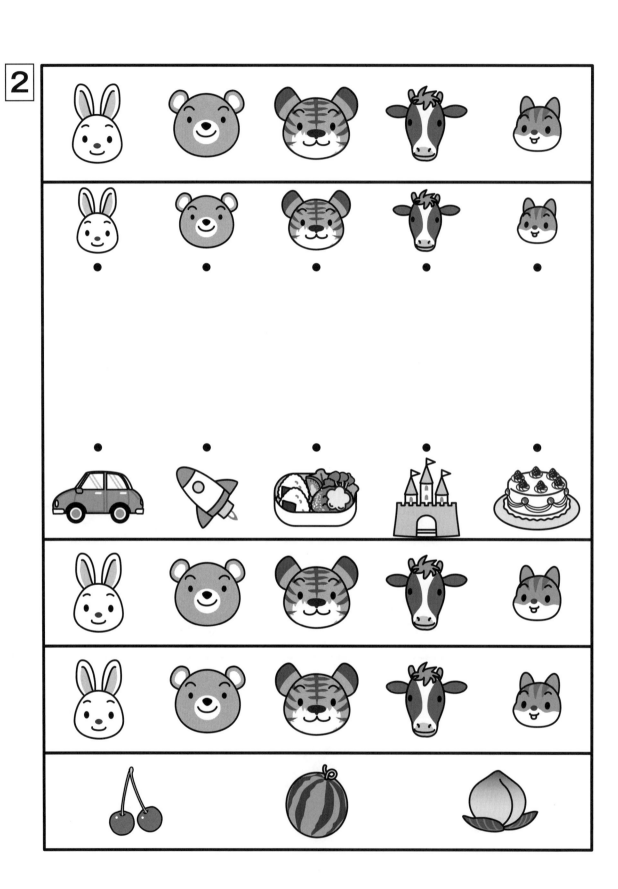

4
B

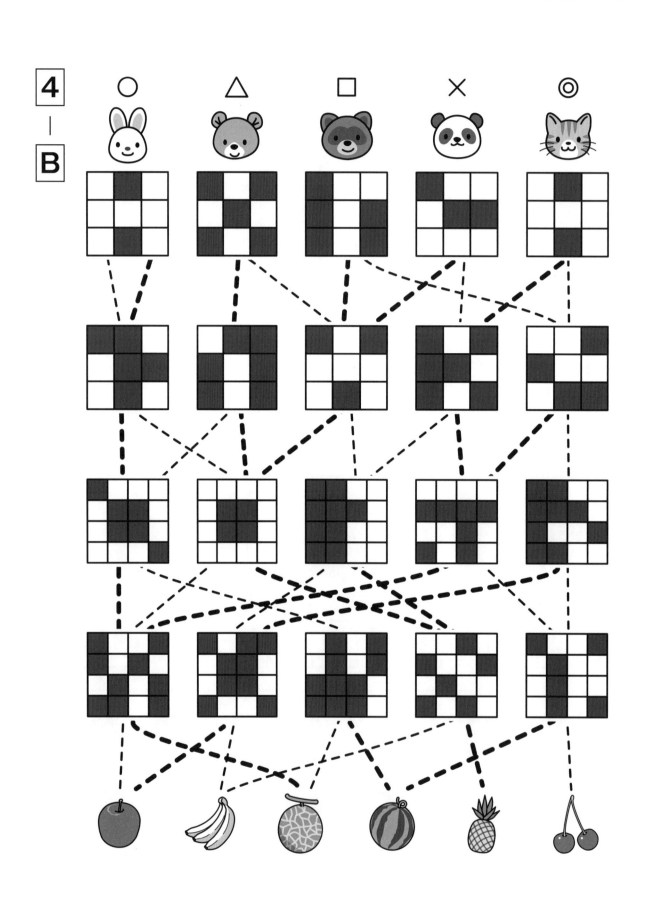

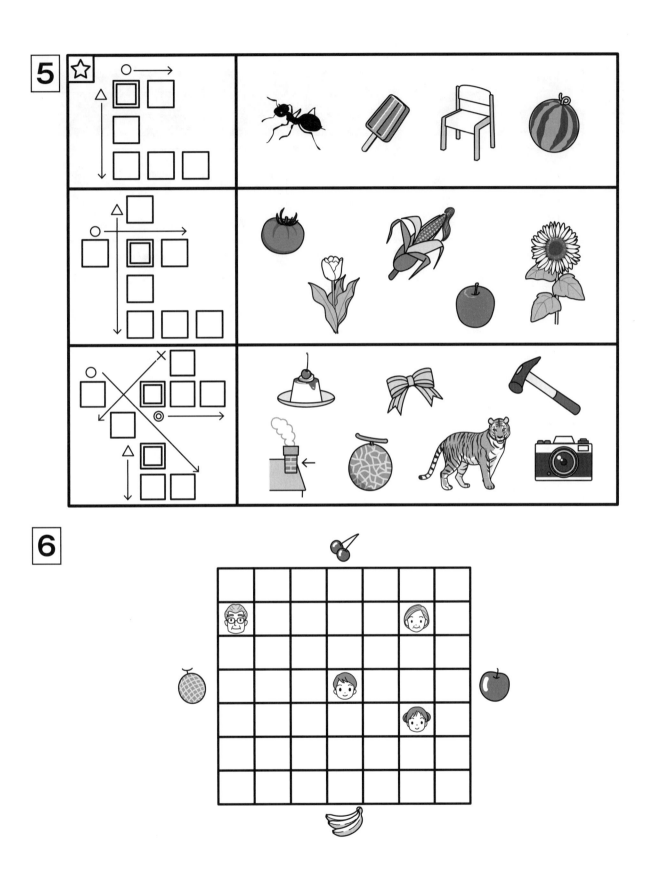

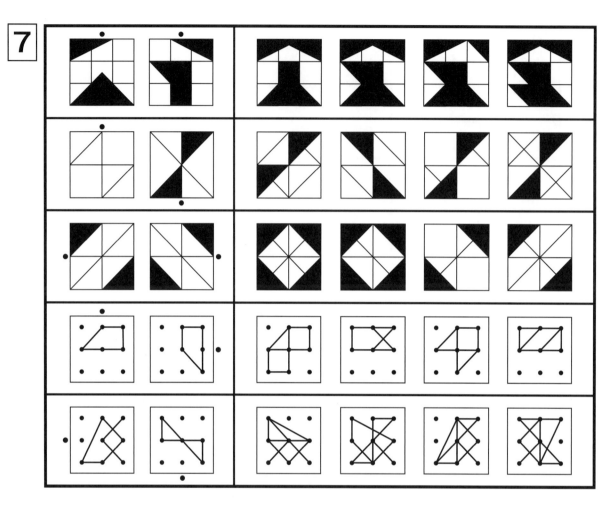

7

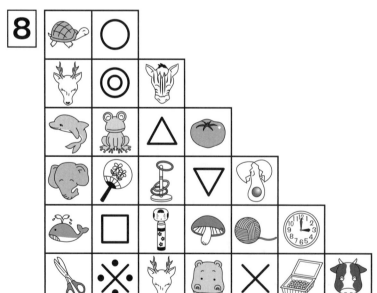

8

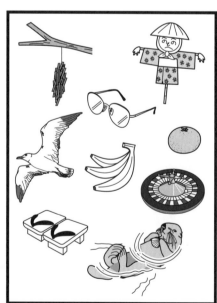

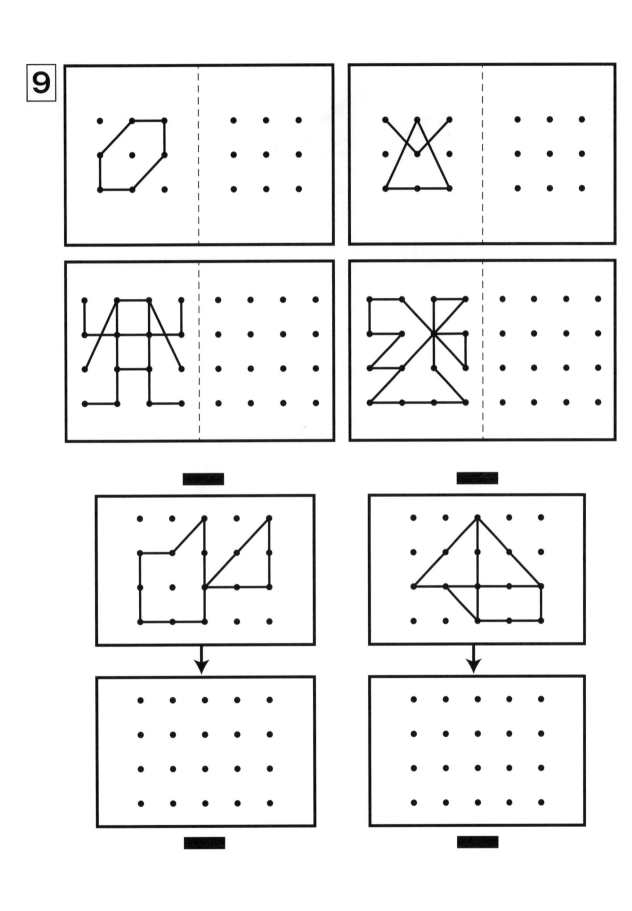

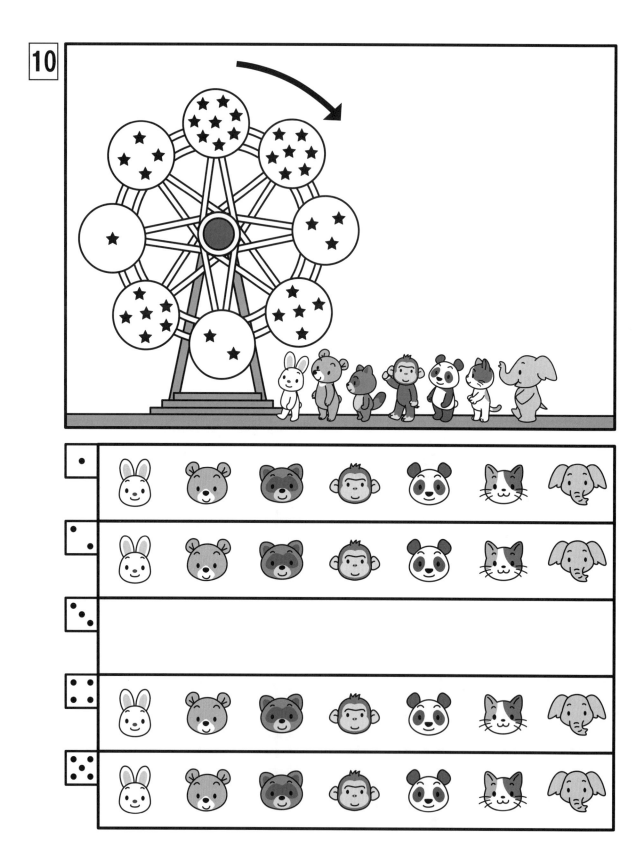

11

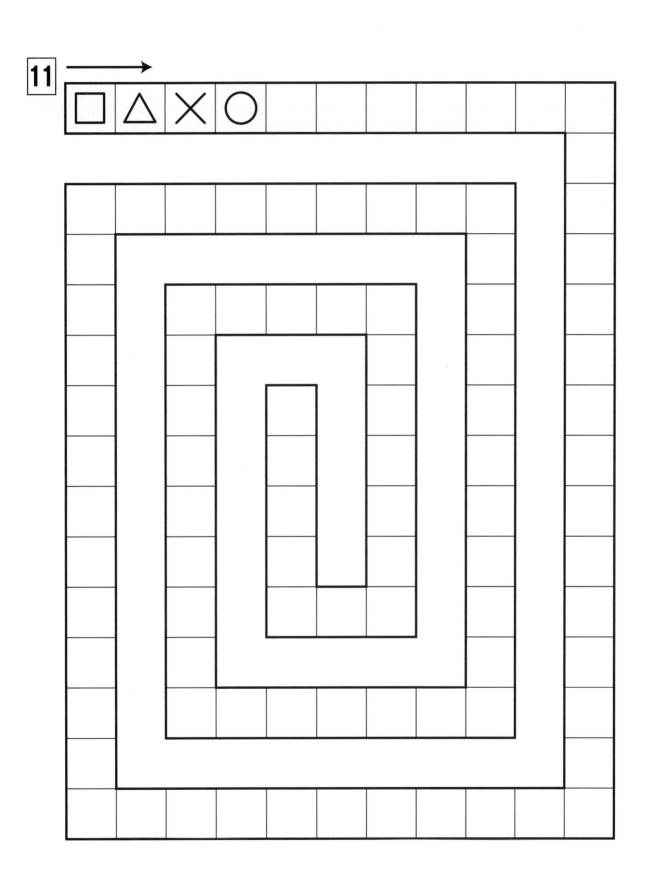

2023 西武学園文理小学校入試問題

■ 選抜方法

考査は2日間のうち指定日の1日。男女混合のグループで、ペーパーテスト、集団テスト、運動テストを行う。所要時間は約2時間20分。考査日前の指定日時に親子面接があり、所要時間は約15分。

▌ ペーパーテスト ▎ 筆記用具は赤のフェルトペンを使用し、訂正方法は//（斜め2本線）。出題方法は音声。

周りの人に話しかけない、隣のプリントをのぞかない、プリントやペンを落としたときやトイレに行きたいときは、黙って手を挙げる、やめと言われたらすぐに筆記用具を置くよう指示がある。プリントの1枚目に生き物の絵が描いてあり、生き物の名前を言われたらプリントをめくる。

1 話の記憶

「動物幼稚園ではいろいろな生き物たちが毎日楽しく遊んでいます。ところが、今日は何だかクマ君の元気がありません。『どうしたの？』とゴリラ君が聞くと『この前、お母さんが転んで足をけがしちゃったんだ。それで今、お母さんは掃除ができないから、だんだんお部屋が汚れてきちゃったの。だから明日は掃除をしなくちゃならなくて、みんなとプールに行けないんだ』と、クマ君は泣き出してしまいました。そんなことがあった日、クマ君は幼稚園から帰って、お母さんにお水を飲ませてあげようと準備をしていました。すると、トントントンとドアをたたく音がします。クマ君がドアを開けると、サル君やトンボさん、キツネさんにゴリラ君、そしてハトさんがいたのです。『みんな、どうしたの？』とクマ君はびっくりしました。『僕たち掃除のお手伝いに来たよ』とゴリラ君が言いました。『みんな、ありがとう！』クマ君はとてもうれしい気持ちになりました。クマ君のお母さんはけがをしているのに、おやつのクッキーとお茶を運ぶようクマ君に頼んでくれました。『ありがとうございます。いただきます』。お礼を言っておやつを食べ終わると、さっそくみんなは掃除にとりかかりました。『じゃあ、このお皿は僕が片づけるよ』とサル君は食器を洗い始めました。ハトさんは『わたしは飛べるのが自慢だから、2階の窓をきれいにするね』とはたきを持って飛んでいきました。キツネさんは『じゃあ、わたしはお風呂掃除をするね。床をピカピカに磨くよ』と、ぞうきんを持って張り切っています。ゴリラ君は掃除機で台所の床をきれいにしました。トンボさんは『わたしは玄関を掃除するよ！』とほうきで玄関を掃いてくれています。自分の部屋を掃除していたクマ君は、実は誰よりも早く終わったのですが、みんながまだ掃除をしていたので、『そうだ！　お父さんとお母さんの部屋もきれいにしよう』と掃除を続けました。それぞれの掃除が終わって、

最初に戻ってきたのはハトさんです。次に戻ってきたのはゴリラ君でした。そしてキツネさんも戻り、トンボさんとサル君は、ちょうど同じ時間に戻ってきました。最後に戻ってきたのはクマ君でした。トンボさんが『クマ君も掃除が終わったんだね。お家の中はピカピカだね。これで、明日はみんなでプールに行けるかな』と言うと、クマ君は『うん。みんな、ありがとう』とニッコリ笑顔で答えました」

・一番上の段です。みんながクマ君のお家に行ったとき、ドアを何回ノックしましたか。その数だけ○をかきましょう。
・2段目です。掃除が終わって最初に部屋に戻ってきた生き物に○、2番目に戻った生き物に△、最後に戻った生き物に×をつけましょう。
・3段目です。生き物たちはそれぞれ、どの道具で掃除をしましたか。上と下で合うものを選んで、点と点を線で結びましょう。
・一番下の段です。お話の季節はいつでしたか。その季節の絵に○をつけましょう。

2 話の記憶

「今日はみんなでバーベキューに行く日です。クマ君が張り切って着替えをしています。ポケットのついたしま模様のTシャツを着て、ズボンをはきました。頭には電車のマークがついた帽子をかぶり、肩から水筒を下げて、元気に『行ってきまーす』と出かけていきました。待ち合わせ場所はバス停です。最初にやって来たのはゴリラ君です。すぐにキツネさんが来て『ゴリラ君が一番だったんだね。早いねえ』と言いました。その次に来たのはクマ君です。『いい天気になってよかったね。お昼ごはんが楽しみだね』。みんなでお話をしているとイヌ君が走ってやって来ました。4匹はしばらくスズメさんを待っていましたが、なかなか来ません。しばらくするとバスがやって来たので、みんなはバスに乗ることにしました。バスに乗り込むとクマ君は運転手さんの列の一番後ろの窓側の席に座りました。イヌ君は『僕は乗り物に酔いやすいから前の席に座るよ』と言うと、運転手さんのすぐ後ろの窓側の席に座りました。キツネさんはクマ君の前に座り、その隣にはゴリラ君が座りました。みんながバスに乗ったころ、実はスズメさんはちょうど目を覚ましたところだったのです。時計を見て慌てました。『ああっ、寝坊しちゃった。もう待ち合わせの時間だ。急がなくちゃ』。スズメさんはお家の窓から飛び出していったのです。バスが次のバス停に止まると、スズメさんが慌てて乗り込んできました。スズメさんはイヌ君の隣の席に座って『みんな、おはよう。ごめんね、寝坊しちゃってバスの時間に間に合わないから飛んできたんだ』と汗をかきながら言いました。バスはどんどん走り、少し山道を走ってバーベキュー広場に到着しました。森の中にある広場にはセミの鳴き声が響いています。クマ君はさっそく薪で火をおこしてご飯を炊く準備をしました。キツネさんとイヌ君は川で魚釣りをすることにしました。『ようし、みんなのお昼ごはんに魚をたくさん釣るぞー！』釣りざおを使って一生懸命魚を釣りました。キツネさんは5匹、イヌ君は6匹釣り

ましたが、網に入れようとしたときに1匹は逃げてしまいました。みんなでお魚を焼いてご飯を食べて、おなかがいっぱいです。『お外で食べるごはんはおいしいね』キツネさんが言うと、『また来ようね』とイヌ君が言いました。帰りもみんなでバスに乗り、来たときと同じ席に座って帰りました。行きのバスでは楽しくおしゃべりしていたみんなですが、遊び疲れて帰りのバスではぐっすり眠ってしまったのでした」

- ・一番上の段です。川で釣った魚をみんなで同じ数ずつ食べると、何匹ずつ食べられますか。その数だけ○をかきましょう。
- ・2段目です。待ち合わせの場所に3番目にやって来た動物に○をつけましょう。
- ・3段目です。クマ君はどんな格好をしていましたか。合う絵に○をつけましょう。
- ・4段目です。バスの中で、動物たちはそれぞれどの席に座りましたか。動物の顔の横の印を、座った席につけましょう。
- ・一番下の段です。お話の季節はいつでしたか。その季節の花に○をつけましょう。

3 数 量

- ・サイコロ1のところです。プリンとアメを合わせるといくつですか。その数だけ○をかきましょう。
- ・サイコロ2のところです。四角の中で、一番数が多いものに○をつけましょう。
- ・サイコロ3のところです。プリンとアメはいくつ違いますか。違う数だけ○をかきましょう。
- ・サイコロ4のところです。四角の中で、合わせると10になるのは何と何ですか。2つ選んで○をつけましょう。
- ・サイコロ5のところです。アメとケーキとジュースを1つずつセットにして配ると、何人に配ることができますか。その数だけ○をかきましょう。

4 数 量

- ・サイコロ1のところです。左の四角にいるタコの足の数だけ○をかきましょう。
- ・サイコロ2のところです。両方の四角のタコとセミを合わせるといくつになりますか。その数だけ○をかきましょう。
- ・サイコロ3のところです。左の四角のタコとセミの足の数は、いくつ違いますか。その数だけ○をかきましょう
- ・サイコロ4のところです。両方の四角のモモとセミを合わせるといくつになりますか。その数だけ○をかきましょう。
- ・サイコロ5のところです。両方の四角の中に、1個2個と数えるものは全部でいくつありますか。その数だけ○をかきましょう。

5 言　語

- 上です。ラクダから始めて、できるだけ長くしりとりでつながるように絵を線でつなぎましょう。
- 真ん中です。「ン」の音で終わるものをすべて選んで線でつなぎましょう。ライオンから始めてください。
- 下です。クジラから始めて、あと5つの絵でしりとりをして線でつなぎましょう。初めの3つは動物の絵になるようにしてください。

6 言語・常識

- 上の小さい四角の絵と同じ季節のもので、同じ音で終わるものに○をつけましょう。
- 上の小さい四角の絵と同じ音で始まり、音の数も同じものに○をつけましょう。

7 常識（交通道徳）

- 電車の中の絵が6枚あります。この中から、してはいけないことをしている人がいる絵に×をつけましょう。

8 記　憶

上と下の絵を見ましょう。（8－Aを30秒見せた後隠し、8－Bを示す）

- 上のマス目で、星があった場所に×をかきましょう。
- サッカーボールの左隣にはどんな形がありましたか。マス目の中にかきましょう。
- リンゴのところです。どちらの絵にもなかったものに○をつけましょう。
- ミカンのところです。さっき見た2枚の絵に、丸は全部でいくつありましたか。その数だけ○をかきましょう。
- バナナのところです。さっき見た2枚の絵で、右端の列の一番下にあったものは何でしたか。救急車だと思ったら○、バスだと思ったら△、星だと思ったら×をかきましょう。
- ブドウのところです。上と下の絵で、入っていたマス目の場所が違ったものに×をつけましょう。

9 常識・言語

- 1段目の絵と仲よしのものを、すぐ下の段から選んで○をつけましょう。
- 3段目です。さっき選ばなかった絵の最後の音をつなげてできるものに○をつけましょう。
- 4段目です。トマトの苗を植えるときに使うものに○をつけましょう。

10 位置の移動

マス目の中に動物たちがいますね。

・キツネはリンゴの方に3つ進み、その後イチゴの方に2つ進みました。キツネが着いたところに○をかきましょう。

・タヌキはバナナの方に1つ進み、モモの方に4つ進みました。タヌキが着いたところに×をかきましょう。

・キリンはバナナの方に2つ進み、モモの方に3つ進み、リンゴの方に進もうとしましたが、ネコがいて進めないのでバナナの方に3つ進みました。キリンが着いたところに△をかきましょう。

・ネコはイチゴの方に5つ進み、バナナの方に2つ進み、モモの方に3つ進み、リンゴの方に2つ進みました。ネコが着いたところに□をかきましょう。

11 数量（マジックボックス）・推理・思考

それぞれのお家を通ると、お家にかいてある印のお約束通りにサイコロの目が増えたり減ったりします。黒い三角は2個増え、白い三角は2個減ります。黒い丸は4個増え、白い丸は4個減ります。二重丸は5個増えます。

・左上の4の目からスタートして、2つのお家を通って右下の11の目のサイコロに着くように、線でつなぎましょう。

・左上の4の目からスタートして、3つのお家を通って右下の11の目のサイコロに着くように、線でつなぎましょう。先ほどつないだものとは違うお家をつないでください。

▮ 集団テスト ▮

🔖 絵画（課題画）・巧緻性

鉄棒や木などがある公園の絵の周りに点線が印刷された台紙とクーピーペン（12色）、はさみが用意されている。課題は日時により異なる。

A
・鉄棒を好きな色のクーピーペンで塗りましょう。

・公園でかくれんぼをしている絵を描きましょう。

・台紙の点線をはさみで切りましょう。

B
・木を好きな色のクーピーペンで塗りましょう。

・「だるまさんがころんだ」（またはボール遊び）をしている絵を描きましょう。

・台紙の点線をはさみで切りましょう。

🔖 言　語

絵を描いている途中で、以下のような質問がある。

・何を描いていますか。

・どのようなところを工夫しましたか。

🔲 集団ゲーム

4人1組で行う。各グループにさまざまな絵カード（キリン、ペンギン、カキ、ブドウなど）が用意されている。問題を出すグループと答えるグループに分かれて、問題を出すグループはどの絵カードを問題にするか相談して決める。答えるグループは何の絵カードかを想像して、「はい」か「いいえ」で答えられる質問（「丸いものですか」「葉っぱがありますか」など）をしていき、最後にみんなで相談して絵カードを当てる。

運動テスト

🔲 模倣体操

前にいるテスターのお手本を見ながら、ラジオ体操をする。

🔲 連続運動

待っている間はお約束の線から出ない、体操座りをきちんとする、お友達のじゃまをしないというお約束がある。

・鉄棒に5秒間ぶら下がる→両手をマットにつけたまま、両足をカエルのように上に跳ね上げて足裏をパチンと合わせる→平均台を渡る→ケンパーで進む→ゴールまでスキップをする。

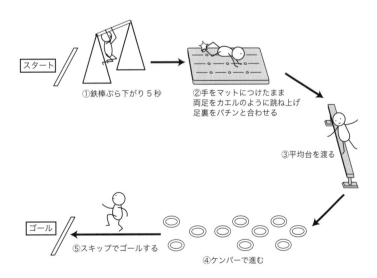

2024
2023
2022
2021
2020
2019
2018
2017
2016
2015

親 子 面 接

本 人

・お名前、幼稚園（保育園）名を教えてください。
・お家の電話番号と住所を教えてください。
・誕生日を教えてください。
・幼稚園（保育園）の先生の名前を教えてください。先生のどこが好きですか。
・幼稚園（保育園）で仲よしのお友達３人の名前（フルネーム）を教えてください。
・幼稚園（保育園）では何をして遊びますか（雨の日、晴れの日、室内、外など）。
・幼稚園（保育園）は給食ですか、お弁当ですか。お弁当は誰が作りますか。小学校は給食ですが大丈夫ですか。
・好きな食べ物は何ですか。嫌いな食べ物が出てきたらどうしますか。
・お父さまとは休みの日に何をして遊びますか。
・お母さまとはどんな遊びをしますか。
・お母さまにどんなときにしかられますか。
・お父さまとお母さまはどちらが怖いですか。
・お父さまやお母さまには、どんなときにほめられますか。
・お家のお手伝いはしていますか。どんなお手伝いですか。そのときに気をつけることはどんなことですか。
・きょうだいはいますか。きょうだいの好きなところはどこですか。
・きょうだいげんかをしますか。どのようなことでけんかになりますか。どうやって仲直りをしますか。
・コロナが大変だったときは、お家の中でどのように過ごしましたか。
・好きな本は何ですか。そのお話のどんなところが好きですか。自分で読めますか。
・好きな歌は何ですか。
・将来の夢は何ですか。どうしてそれになりたいのですか。
・先生にしかられたらどうしますか。

父 親

・自己紹介（仕事のことや家族のこと）をお願いします。
・勤務地、転勤の有無を教えてください。
・本校に出願した理由、期待することをお話しください。
・本校の印象をお聞かせください。
・どのようなお子さんですか。

・休日はお子さんとどのように過ごされていますか。
・コロナ禍ではどのような遊びをしましたか。その中でお子さんが成長したと思うところをお話しください。
・ご家庭での教育方針で大事にされていることは何ですか。
・入学後の家庭学習にはどのようにかかわっていきますか。
・お仕事がお忙しそうですが、学校行事などに参加できますか。
・お子さんに期待することは何ですか。
・お子さんが答えた将来の夢について、親としてどのように考えますか。
・通園されている幼稚園（保育園）を選んだ理由をお話しください。
・お子さんは何か習い事をしていますか。
・差し支えなければ、併願校を教えてください。
・どこの幼児教室に通っていますか。いつから通っていますか。幼児教室に通ってどのように成長しましたか。
・ごきょうだいの通っている学校と年齢についてお話しください。
・入学試験当日、視力や聴力、利き手などで配慮することはありますか。

母　親

・本校に出願した理由をお話しください。
・どのようなお子さんですか。
・お子さんの成長を感じるのはどのようなときですか。
・本の読み聞かせはしていますか。どのような絵本を読んでいますか。
・通っている幼稚園（保育園）はどのような園ですか。（園庭の有無、イベントなど）
・その園を選んだ理由は何ですか。入園する前と後で印象の違いはありますか。
・コロナ禍での子育てで大切にしていることは何ですか。
・コロナ禍ではどのようにして過ごしていましたか。その中で、お子さんはどのように成長しましたか。
・お仕事はしていますか。仕事内容をお話しください。行事には参加できますか。緊急時のお迎えは可能ですか。
・お子さんが学校でトラブルを抱えて帰ってきたらどうしますか。
・幼児教室はどちらへ通われていますか。いつから通っていますか。
・お子さんの幼児教室での様子を教えてください。通っていることで、どのように変わったと思いますか。お子さんの成長は感じられましたか。
・幼児教室でたくさんの学校情報を集められていると思いますが、併願校はありますか。どちらの学校でしょうか。
・考査日にアレルギーや視力など、お子さんの健康面で気をつけることはありますか。

2024
2023
2022
2021
2020
2019
2018
2017
2016
2015

面接資料／アンケート Ｗｅｂ出願時に面接資料を入力する。以下のような項目がある。

- ・出願理由（３点、優先順位の高い順に入力。120〜240文字程度）。
- ・家庭での教育で特に留意されている点（120〜240文字程度）。
- ・お子さんの長所と短所（120〜240文字程度）。
- ・本校を知ったきっかけ（選択式）。
- ・本校に期待すること（選択式）。
- ・通学時間。

1

3

4

5

6

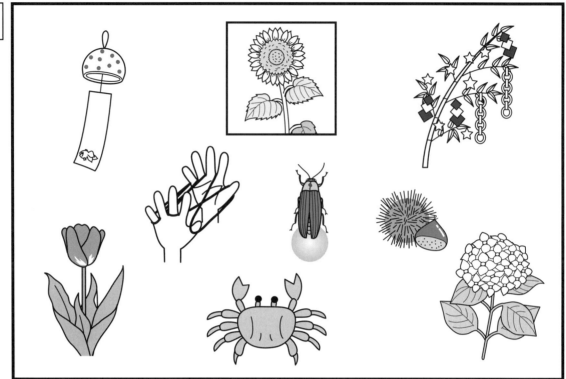

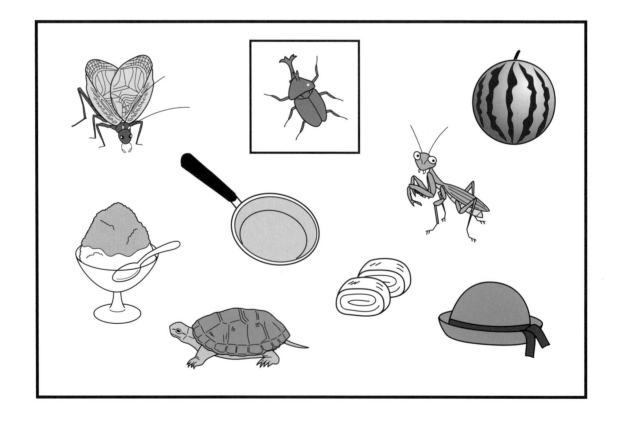

7

8 − A

	🚚		🚗	
			★	
△	⚽			🚐
	★			
★				🚐

	🚚			
		◯	🚗	
◯				🚐
◯			◯	
◯				🚐

8-B

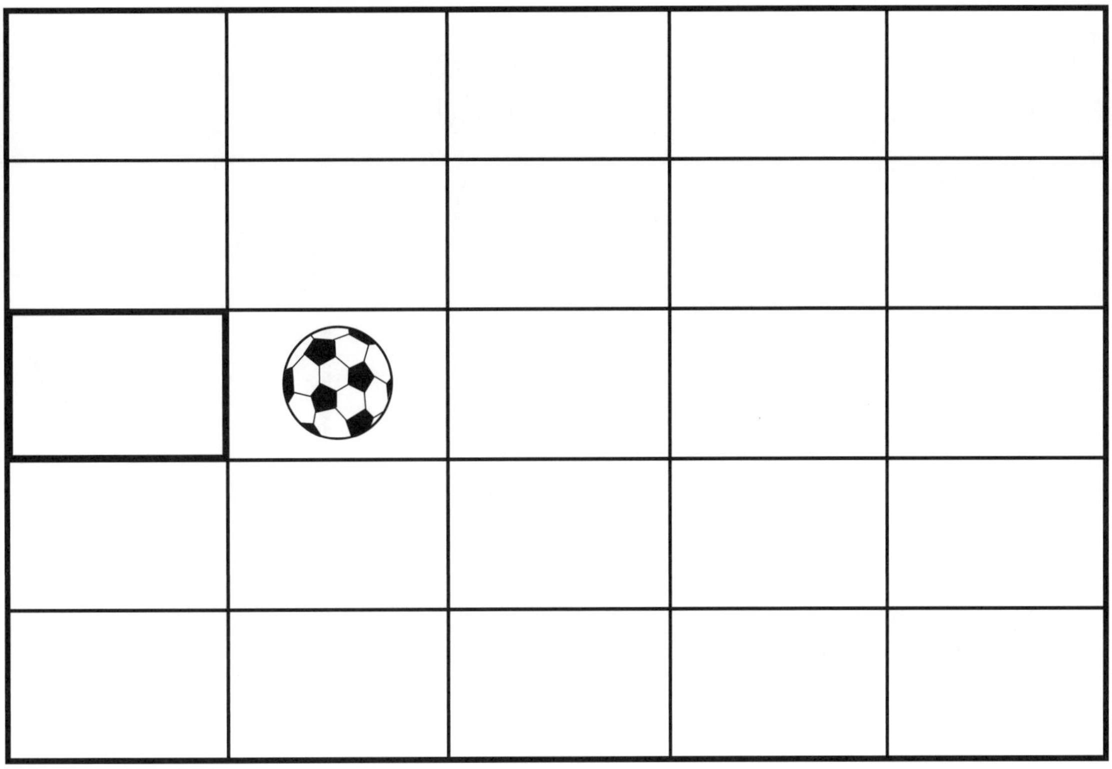

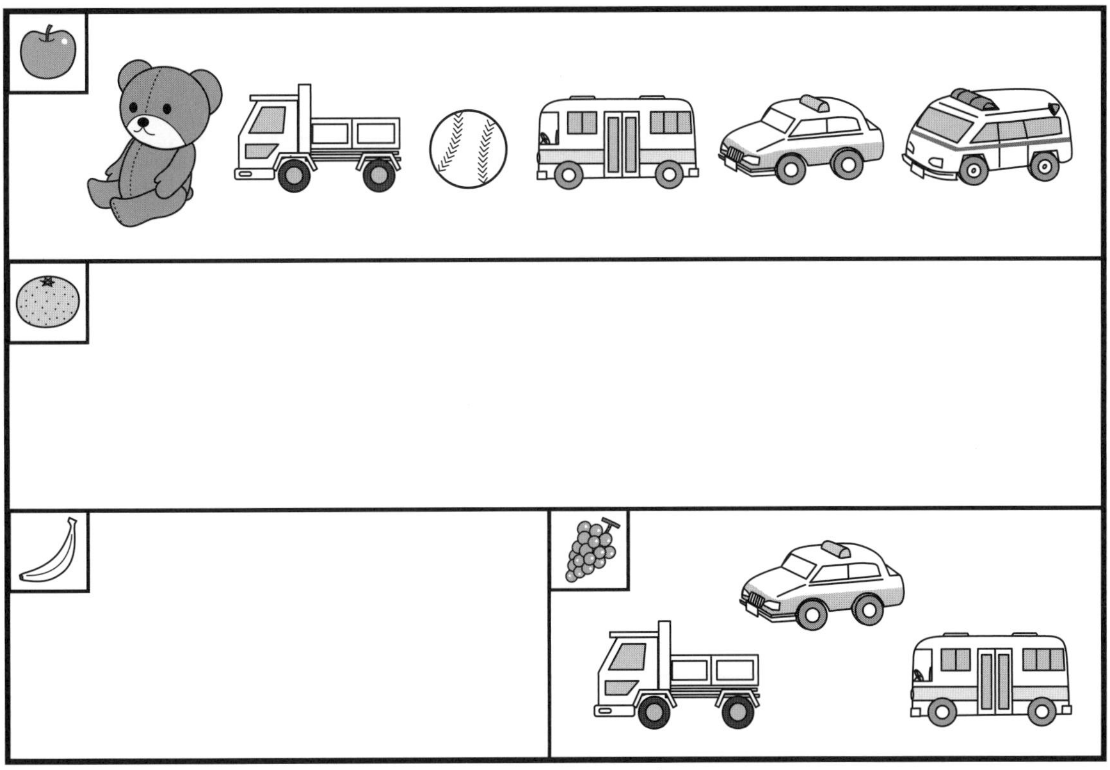

9

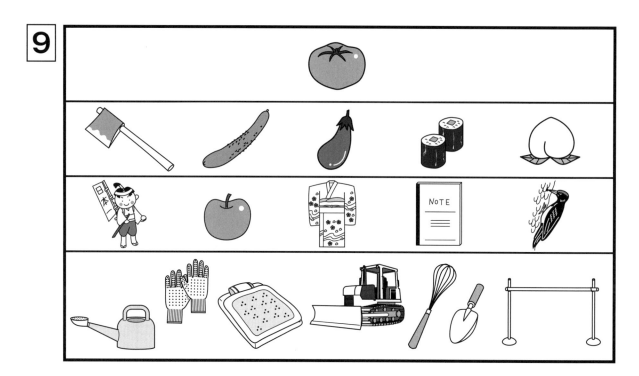

10

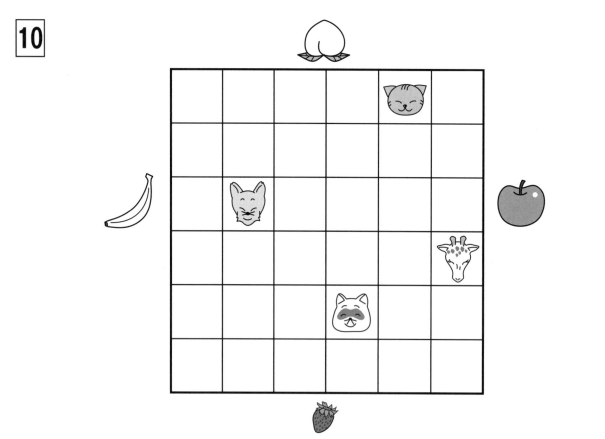

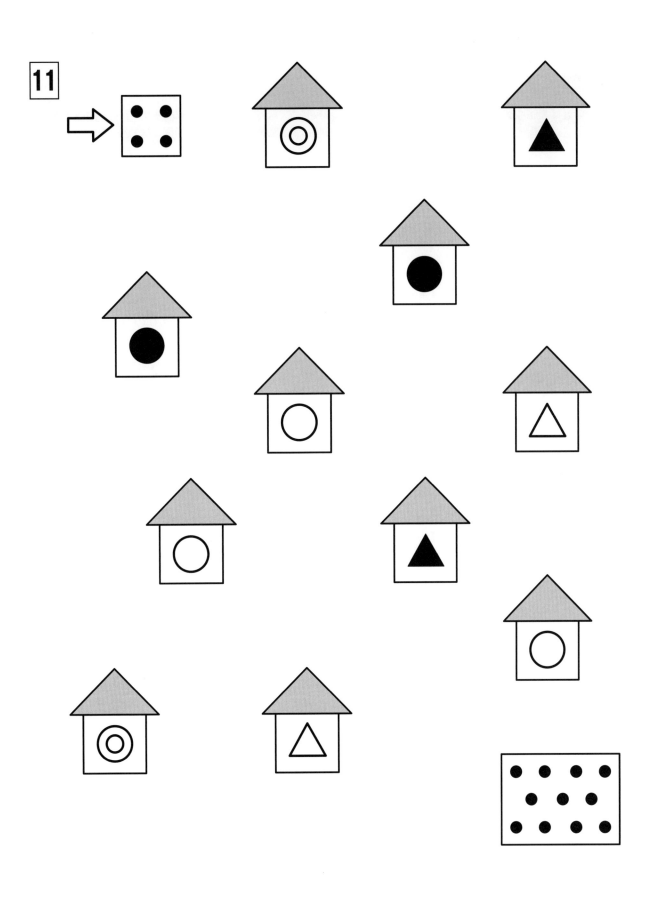

■ 選抜方法

考査は2日間のうち指定日の1日。男女混合のグループで、ペーパーテスト、集団テスト、運動テストを行う。所要時間は約2時間15分。考査日前の指定日時に親子面接があり、所要時間は約15分。

┃ ペーパーテスト ┃ 筆記用具は赤のフェルトペンを使用し、訂正方法は//（斜め2本線）。出題方法は音声。

周りの人に話しかけない、隣のプリントをのぞかない、プリントやペンを落としたときやトイレに行きたいときは、黙って手を挙げる、やめと言われたらすぐに筆記用具を置くよう指示がある。プリントの1枚目に生き物の絵が描いてあり、生き物の名前を言われたらプリントをめくる。

1 話の記憶

「ある日のことです。ネコさんはお父さん、お母さん、お兄さん、弟の家族みんなで動物園に行くことになりました。動物園へ向かう道の途中には、モミジやイチョウの葉っぱがたくさん落ちています。動物園に着くと、ネコさんたちはいろいろな動物を順番に見て回りました。ゾウ、サル、キリン、リスを見て、最後にライオンの柵の前に来ました。みんなでしばらくライオンを見ていましたが、ライオンは横になったままで動きません。『ライオンさんはお昼寝中だね』とネコさんが言ったそのとき、ライオンが突然グワーッと口を開けてあくびをしたので、ネコさんたちはみんなで大笑いしました。お昼になって、ネコさんたちはお弁当を食べることにしました。動物園の中の広場に行くと、お父さんがレジャーシートを敷いてくれました。ネコさんたちが水道で手を洗って戻ってくると、お母さんがみんなのお弁当を並べてくれました。お弁当にはおにぎりとブロッコリーと、ネコさんの大好きなソーセージが入っています。『いただきまーす！』と言って、みんなで食べ始めました。お父さんは三角のおにぎりを3つ、お母さんは丸いおにぎりを3つ、お兄さんと弟は丸いおにぎりを1つずつ、ネコさんは三角のおにぎりを2つ食べました。みんなおなかがいっぱいになり、最後にもう一度、動物を見てから帰ることにしました。お家に帰りお風呂に入ったネコさんたちは、みんなでしりとりをして遊びました。お風呂から出ると、今度はみんなでトランプをしました。ババ抜きではお母さんが一番に勝ち、その次に勝ったのはネコさんでした。最後までババを持っていたのはお父さんでした。それからみんなで夕ごはんを食べて、楽しくお話をしました。またみんなで動物園に行きたいな、とネコさんは思いました」

- 一番上の段です。このお話に出てこなかった動物に〇をつけましょう。
- 2段目です。ネコさんたちが食べた三角のおにぎりは全部でいくつでしたか。その数だけ〇をかきましょう。
- 3段目です。お弁当に入っていたものに〇をつけましょう。
- 4段目です。このお話に出てきた動物の誰かが出てくる昔話に〇をつけましょう。
- 5段目です。お話の季節の絵に〇をつけましょう。
- 一番下の段です。これからお話しすることを聞いて、先ほどのお話と合うものには〇、違うものには×を、それぞれの果物の四角にかきましょう。
  サクランボ「ネコさんは5人家族でした」
  スイカ「お家に帰ってきて、お風呂でみんなでなぞなぞをしました」
  モモ「家族でババ抜きをして、お母さんが一番に勝ちました」

2 話の記憶

「窓から朝日が差し込んできて、お姉さんと妹のウサギさんのきょうだいは目を覚ましました。お母さんはいつも早起きなので、朝ごはんの支度を終えて、今はお父さんのシャツやウサギさんたちのシャツやハンカチにアイロンをかけています。『お父さんを起こしてきてちょうだい』とお母さんに言われたので、2匹はお父さんを起こしに行きました。お父さんのお部屋に行くと、お父さんはまだ布団の中で眠っています。『お父さん、朝だよ。起きて』と声をかけてから、2匹は自分たちの部屋に戻ってパジャマを洋服に着替えました。お姉さんは、さっきお母さんがアイロンをかけてたたんでくれた、星がいっぱいついているシャツに着替えました。妹はハートがかいてあるシャツに着替えました。2匹は耳にヒマワリの飾りもつけました。お母さんの作ってくれた朝ごはんを食べ終わると、2匹はお庭で育てている野菜にお水をやります。お日様の光を浴びて、ナスもキュウリも大きく育っています。今日は何をして遊ぼうかと2匹がお話ししていると、タヌキ君とキツネさんが遊びにやって来ました。ウサギさんのきょうだいとタヌキ君とキツネさんは、みんなでサッカーをすることにしました。元気に遊んでいると、ウサギさんのお父さんもお庭に出てきました。『野菜のお世話をちゃんとしてから遊んでいて、えらいね。みんなで仲よく遊ぶんだよ』とお父さんは言いました。しばらくすると、タヌキ君のお母さんがやって来て『そろそろ、お昼ごはんの時間ですよ』と声をかけたので、タヌキ君とキツネさんは帰ることにして『はーい。みんな、また遊ぼうね』と言いました。ウサギさんたちもお昼ごはんの時間になったので、また遊ぼうねとお約束をしてお家に入りました」

- 一番上の段です。ウサギさんの妹のシャツを選んで、〇をつけましょう。
- 2段目です。庭で遊んでいた動物の数だけ×をかきましょう。
- 3段目です。お庭でしていた遊びに〇をつけましょう。
- 4段目です。ウサギさんのお母さんがアイロンをかけていないものに〇をつけましょう。

・５段目です。お話の季節はいつでしたか。その季節の絵に○をつけましょう。

・一番下の段です。これからお話しすることを聞いて、先ほどのお話と合うものには○、違うものには×を、それぞれの果物の四角にかきましょう。

サクランボ「ウサギさんは４人家族です」

スイカ「お昼になったので、タヌキ君のお父さんがお迎えにやって来ました」

モモ「ウサギさんのきょうだいはトマトとピーマンを育てていました」

③ 数 量

・白い星の四角にある果物と黒い星の四角にある果物を、果物ごとに同じ数にそろえます。どちらがいくつ足りないでしょうか。それぞれの果物が足りない方の星の段に、足りない数だけ○をかきましょう。

④ 言 語

・上の左側と、名前の初めの音が同じで、音の数も同じものはどれですか。下の四角から選んで○をつけましょう。

・上の真ん中と、名前の初めの音が同じで、音の数も同じものはどれですか。下の四角から選んで□をつけましょう。

・上の右側の名前の初めと終わりの両方の音が、名前に入っているものはどれですか。下の四角から選んで◎をつけましょう。

⑤ 常識（昔話）

・上の段です。一寸法師がオニを倒すのに使ったものに○をつけましょう。

・下の段です。ブレーメンの音楽隊に最初に入ろうとした動物に○、動物たちが泥棒を追い払おうと次々に上に乗ったとき、２番目と３番目に乗った動物に△をつけましょう。

⑥ 言 語

・左側にある縦や横に並んだマス目には、それぞれマス目と同じ数の音の名前が入ります。ただし、同じマス目には、同じ音が入ります。では、丸、四角、三角の列のマス目にピッタリ入るものを右側から選んで、その列の印をつけましょう。一番上を見ましょう。丸は横にマス目が２つ、四角は縦にマス目が３つ並んでいます。この丸と四角の名前は同じマス目から始まるので、初めの音は同じということです。当てはまるものを右側の絵から探すと、丸のマス目には「ネコ」、四角のマス目には「ネズミ」が入りますね。そして、三角は四角の名前の最後の音「ミ」から始まる３つの音の名前ということになるので「ミミズ」が入ります。右側の絵にそれぞれの列の印をつけましょう。やり方は分かりましたか。では、今と同じやり方で、後の２つをやりましょう。

7 常 識

・電車に乗っているとき、あなたの前にふざけている子がいたら、あなたならどうしますか。知らないふりをするならメロンに、一緒にふざけるならリンゴに、「駄目だよ」と注意するならブドウに○をつけましょう。

・友達に借りた本を手がすべって破いてしまったら、あなたならどうしますか。謝って直すならメロンに、破いてしまったことは言わずに返すならリンゴに、もっと破くならブドウに○をつけましょう。

・先生に頼まれて、お友達が本を図書室へ運んでいます。あなたならどうしますか。じっと見ているだけならメロンに、一緒に運ぶならリンゴに、頼まれたのが自分じゃなくてよかったと知らないふりをするならブドウに○をつけましょう。

・ピンクの絵の具を使って絵を描いていましたが、途中で使い切ってしまいました。ピンクを作るにはどうしたらよいですか。赤と黄色を混ぜると思ったらメロンに、赤と白を混ぜると思ったらリンゴに、オレンジ色と黄色を混ぜると思ったらブドウに○をつけましょう。

8 常 識

・1段目です。お買い物に行くときに、持って行かないものに○をつけましょう。

・2段目です。お店に行く途中に見た人で、いけないことをしている人に○をつけましょう。

・3段目です。お店の中で、いけないことをしている人に○をつけましょう。

・4段目です。お家に帰ってきたときに、最初にすることに○をつけましょう。

9 推理・思考（重さ比べ）

・上の3つのシーソーがお約束です。このとき、下のシーソーがつり合うには、シーソーの右側の四角に白い丸をいくつ載せればよいですか。その数だけ四角の中に○をかきましょう。

10 推理・思考（対称図形）

・上です。左の折り紙を、黒い模様を表にして半分の長四角に折った後、さらにその半分の真四角に折りました。黒い模様はどのようになりますか。4つに折った折り紙の絵にかきましょう。間違えたときは、その隣にかきましょう。

・下です。左にある、半分の半分に折った折り紙を開いたら、黒い模様はどのようになりますか。開いた折り紙の絵にかきましょう。間違えたときは、その隣にかきましょう。今、見えていないところにも、見えているところと同じ模様がありますよ。

11 話の理解

- 動物たちがみんなで鳥の絵を描く相談をして、それぞれ違う鳥を描きました。お話を聞いて、どの動物が何を描いたか、点と点を線でつなぎましょう。
  クマさん「わたしは水族館にいる鳥がいいな」
  ネコさん「わたしは白鳥がいいわ」
  イヌ君「僕はペンギンかカモメがいいな」
  リス君「僕は何でもいいよ」
- クマさんが川原で遊んでいました。ウサギさんも一緒に遊びたいと思いながら橋の上からぼんやり見ていました。するとそこにヤギ君が来て「一緒に遊ぼう」と声をかけてくれました。今のお話の中でウサギさんの顔は、どのような顔からどのような顔になったと思いますか。合うものを選んで○をつけましょう。
- おしゃれをしていたクマさんが、つけていたネックレスを落としてしまいました。ネックレスは丸と星のビーズでできていて、かわいいハートの模様の丸い飾りがついています。クマさんが落としたネックレスはどれですか。○をつけましょう。

12 系列完成

- 上です。いろいろな形が決まりよく並んでいます。空いている四角には、どの形がどのように入るとよいですか。四角の中にかきましょう。
- 下です。空いている丸には、どの印が入るとよいですか。丸の中にかきましょう。

集団テスト

13 絵画（課題画）・巧緻性

一部に絵や点線が印刷された台紙とクーピーペン（12色）、はさみが用意されている。課題は考査日により異なる。

A
- すべり台を好きな色のクーピーペンで塗りましょう。
- すべり台の下に、好きな先生（お友達）とあなたが遊んでいる絵をクーピーペンで描きましょう。
- 台紙の点線に沿ってはさみで切りましょう。

B
- バスを好きな色のクーピーペンで塗りましょう。
- バスの下に、あなたがお家でお手伝いをしている絵をクーピーペンで描きましょう。
- 台紙の点線に沿ってはさみで切りましょう。

🔲 集団ゲーム

- 玉入れ競争…5人ずつ赤白のチームに分かれて、10個ずつの赤白の玉を投げてカゴに入れる競争をする。
- ドラえもんゲーム…5人のお友達と一緒に、ドラえもんのひみつ道具のカード7枚（どこでもドア、タケコプター、タイムマシン、スモールライト、ほんやくこんにゃく、空気砲、桃太郎印のきびだんご）の中から、1人1枚ずつカードを選んで、なぜその道具を使いたいのかを発表する。使いたい道具がお友達と重なったときは、相談して決める。
- しりとりゲーム…7人ずつのグループに、7枚組の絵カードが配られる。カードにはタイヤ、山、まくら、ラクダ、だるま、マスク、クリのセットや月、キツネ、ネズミ、ミノムシ、シマウマ、マイク、靴のセットなどがある。グループで相談してカードをしりとりでつなぐ。

運動テスト

🔲 模倣体操

テスターのまねをして、準備体操をする。

🔲 連続運動

待っている間は青い四角から出ない、体操座りをきちんとする、お友達のじゃまをしない、スタート前には手の消毒をするというお約束がある。

- 3段の階段を上ってマットの上に飛び降りる→マットで前転する→両手をマットにつけたまま、両足をカエルのように上に跳ね上げて足裏をパチンと合わせる→フープの中をケンパーケンパーケンケンパーで進む→黄色い四角の枠の中で片足バランスを10秒間行う（テスターが数える）→床のジグザグのライン上をコーンまで走る→鉄棒にひじを曲げて5秒間ぶら下がる（テスターが数える）→平均台を渡る→ゴールまでスキップをする。

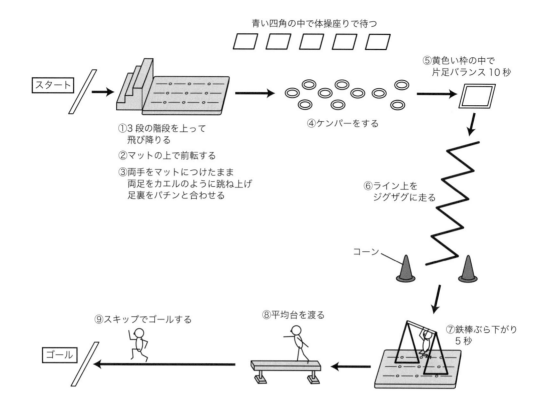

青い四角の中で体操座りで待つ

⑤黄色い枠の中で
片足バランス10秒

スタート

①3段の階段を上って
飛び降りる
②マットの上で前転する
③両手をマットにつけたまま
両足をカエルのように跳ね上げ
足裏をパチンと合わせる

④ケンパーをする

⑥ライン上を
ジグザグに走る

コーン

⑨スキップでゴールする

⑧平均台を渡る

⑦鉄棒ぶら下がり
5秒

ゴール

親 子 面 接

本 人

・お名前、幼稚園（保育園）名を教えてください。

・お家の電話番号と住所を教えてください。

・誕生日を教えてください。

・幼稚園（保育園）の先生の名前を教えてください。先生のどこが好きですか。

・幼稚園（保育園）で仲よしのお友達2人、または3人の名前を教えてください。

・幼稚園（保育園）では何をして遊びますか（雨の日、晴れの日、室内、外など）。

・幼稚園（保育園）は給食ですか、お弁当ですか。お弁当は誰が作りますか。小学校は給
　食ですが、大丈夫ですか。

・好きな食べ物は何ですか。嫌いな食べ物が出てきたらどうしますか。

・お父さまとは休みの日に何をして遊びますか。

・お母さまとはどんな遊びをしますか。

・お母さまに怒られるのはどんなことですか。

・お父さまとお母さまはどちらが怖いですか。

・お家のお手伝いはしていますか。どんなお手伝いですか。そのときに気をつけているこ

とはどんなことですか。

・きょうだいはいますか。きょうだいの好きなところはどこですか。

・きょうだいげんかをしますか。どのようなことでけんかになりますか。どうやって仲直りをしますか。

・お父さまやお母さまにどんなときにほめられますか。

・好きな本は何ですか。そのお話のどんなところが好きですか。自分で読めますか。

・将来の夢は何ですか。どうしてそれになりたいのですか。

・先生に怒られたらどうしますか。

父　親

・自己紹介（仕事のことや家族のこと）をお願いします。

・本校に出願した理由と、期待することをお話しください。

・本校の印象をお聞かせください。

・コロナ禍で、ご家庭ではどのような遊びをしましたか。

・ご家庭での教育方針をお聞かせください。

・どのようなお子さんですか。

・お子さんが成長したと思うところはどこですか。

・お子さんに期待することは何ですか。どのような人になってほしいですか。

・お子さんは何か習い事をしていますか。

・差し支えなければ、併願校を教えてください。

・幼児教室には通っていますか。どこの幼児教室に通っていますか。いつから通っていますか。お子さんは幼児教室に通ってどのように成長しましたか。

母　親

・本校に出願した理由をお話しください。

・アレルギーや視力、利き手など、考査日に健康面や対応で留意することはありますか。

・通っている幼稚園を選んだ理由は何ですか。入園する前と後で印象の違いはありますか。

・どのようなお子さんですか。

・お子さんの成長を感じるのはどのようなときですか。

・本の読み聞かせはしていますか。どのような絵本を読んでいますか。

・お仕事はしていますか。何をしていますか。行事には参加できますか。緊急時のお迎えは可能ですか。

・コロナ禍での子育てで大切にしていることは何ですか。

・コロナ禍ではどのようにして過ごしていましたか。その中で、お子さんはどのように成長したと思いますか。

・併願校はありますか。どちらの学校ですか。

・幼児教室には通っていますか。いつから通っていますか。お子さんの幼児教室での様子を教えてください。通っていることで、お子さんはどのように変わったと思いますか。

面接資料／アンケート　　Ｗｅｂ出願時に面接資料を入力する。以下のような項目がある。

・出願理由（3点、優先順位の高い順に入力。120〜240文字程度）。
・家庭での教育で特に留意している点（120〜240文字程度）。
・お子さんの長所と短所（120〜240文字程度）。
・本校を知ったきっかけ（選択式）。
・本校に期待すること（選択式）。
・通学時間。

1

2

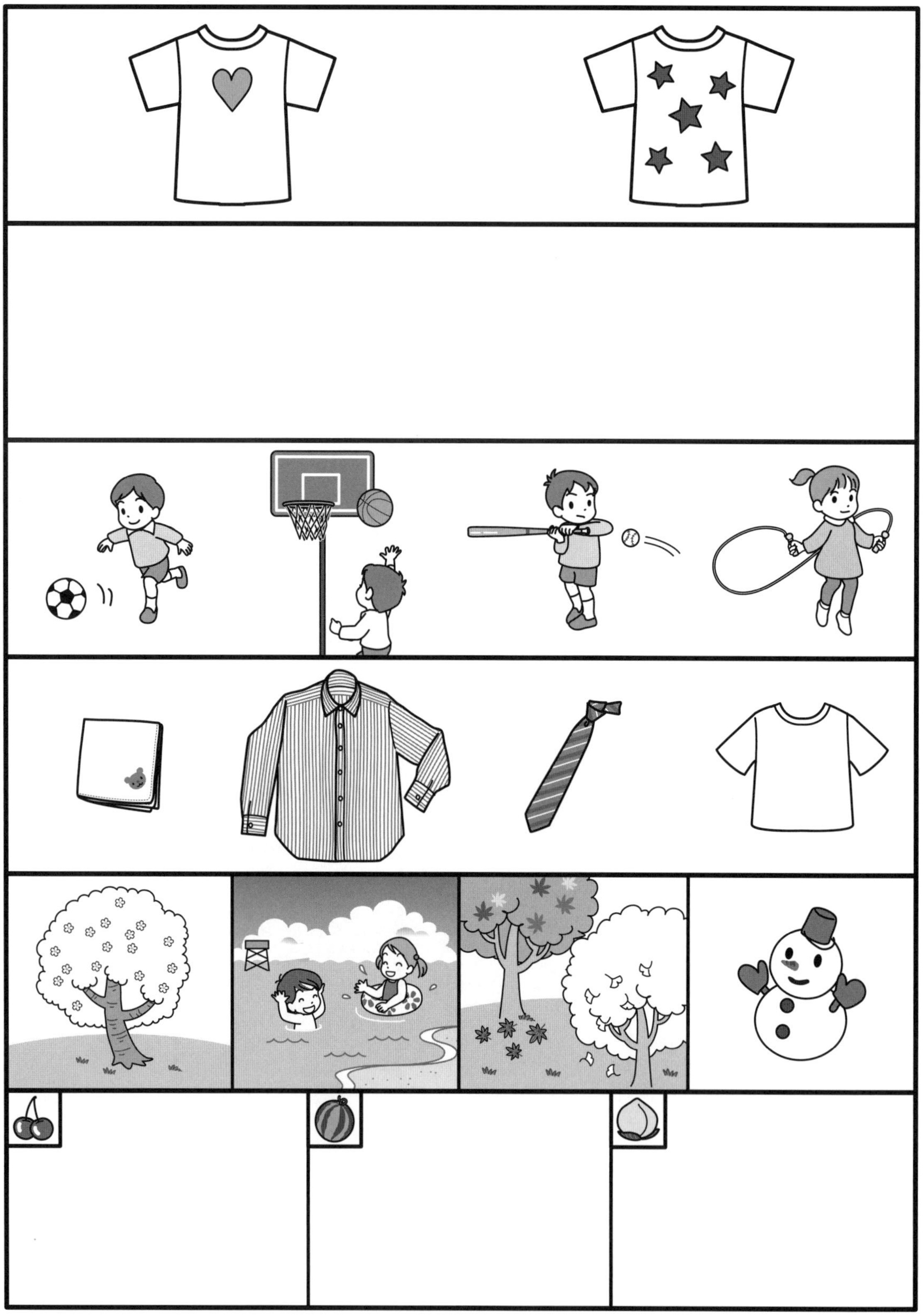

3

	🍒	🍊	🍉	🍌
☆				
★				

	🍇	🍓	🥭	🍎
☆				
★				

4

5

6

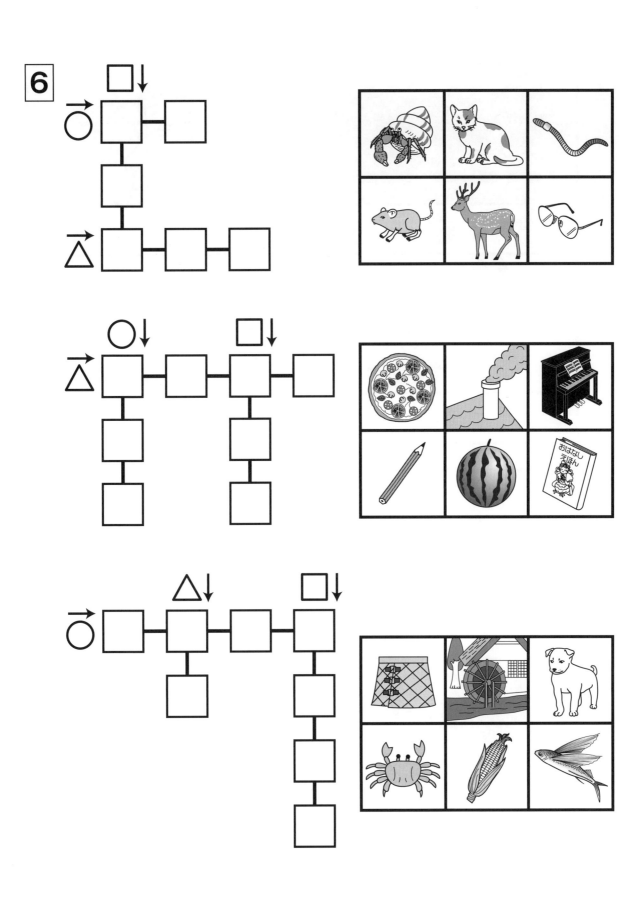

9

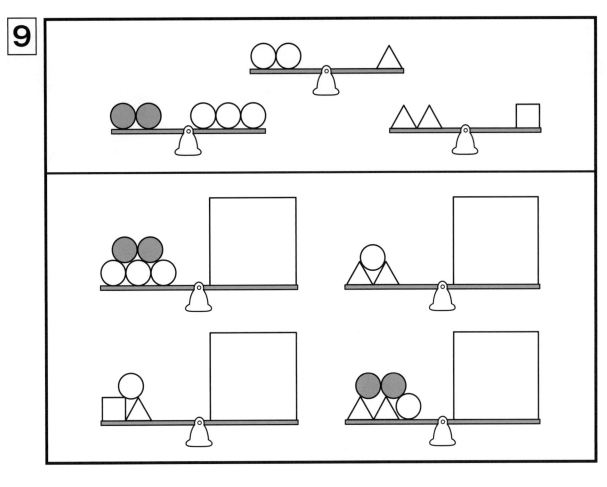

10

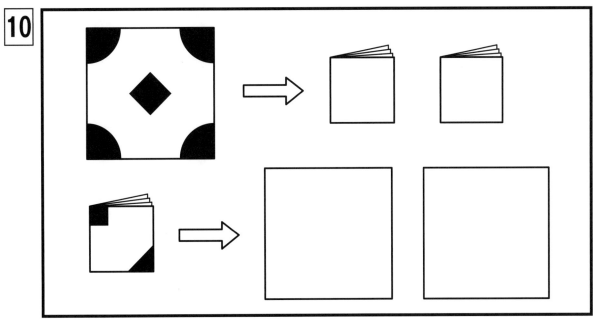

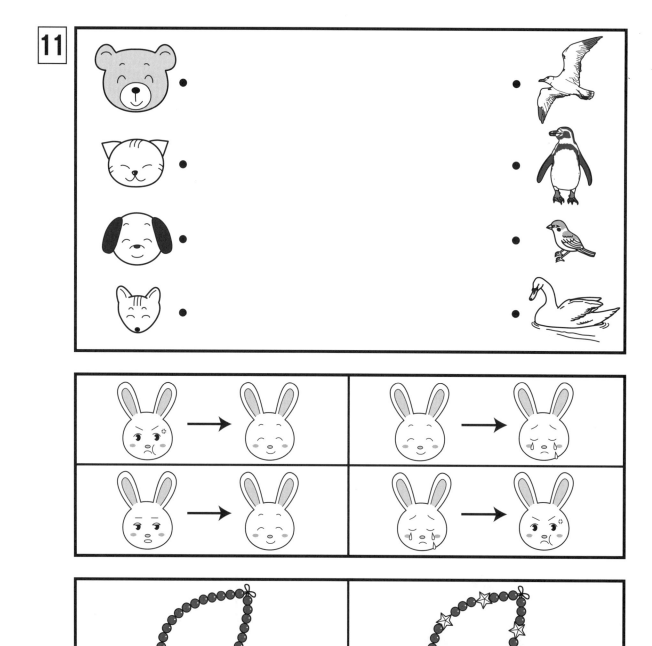

12

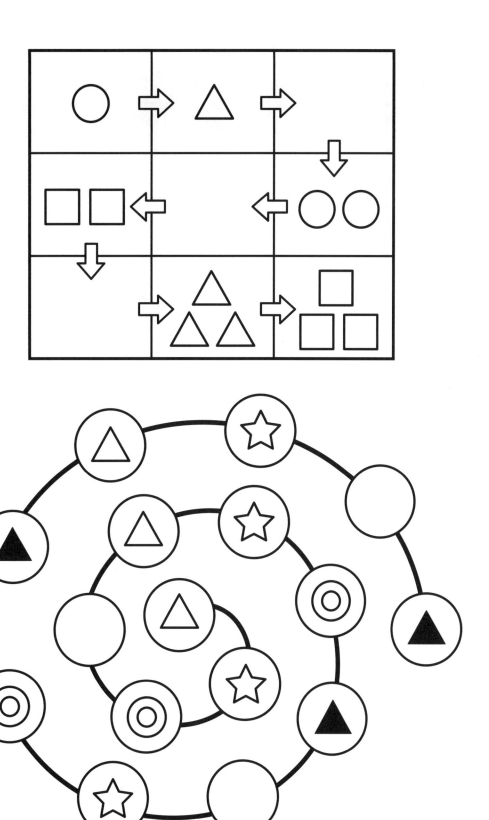

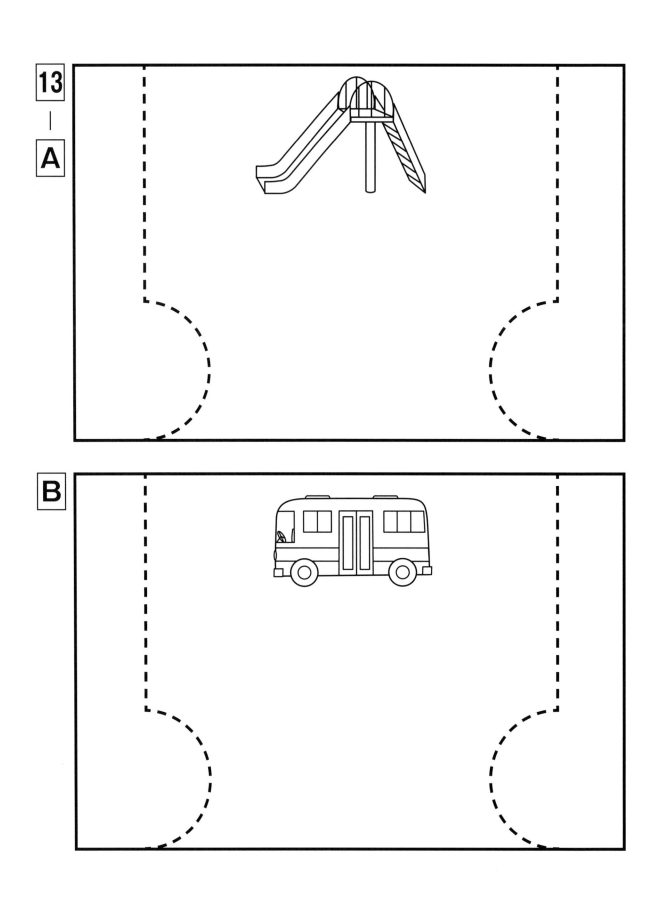

section
2021 西武学園文理小学校入試問題

■ 選抜方法

考査は２日間のうち指定日の１日。男女混合のグループで、ペーパーテスト、集団テスト、運動テストを行う。所要時間は約２時間30分。考査日前の指定日時に親子面接があり、所要時間は約15分。

┃ ペーパーテスト ┃ 筆記用具は赤のフェルトペンを使用し、訂正方法は//（斜め２本線）。出題方法は音声。

周りの人に話しかけない、隣のプリントをのぞかない、プリントやペンを落としたときやトイレに行きたいときは、黙って手を挙げる、やめと言われたらすぐに筆記用具を置くよう指示がある。プリントの１枚目に生き物の絵が描いてあり、生き物の名前を言われたらプリントをめくる。

1 話の記憶

「『今日は暑いわね。お庭のヒマワリがカラカラに乾いてしまうわ。花壇にお水をあげてちょうだい』とクマさんのお母さんが言いました。クマさんが麦わら帽子をかぶってお庭に行くと、種から育てたヒマワリが元気に咲いていました。ヒマワリにお水をあげて戻ってくると、お母さんはごほうびにチョコレートのアイスクリームをくれました。『いいなあ、僕も食べたいな』とクマさんの弟が言うので、クマさんは『はい、どうぞ』と言って半分けてあげました。それから家族みんなでテレビを観ているうちに、あっという間にお昼ごはんの時間になりました。お昼ごはんは、お母さんの作ってくれたおにぎりです。お父さんは三角のおにぎりを３つ、お母さんは丸いおにぎりを２つ、弟は丸いおにぎりを１つ、クマさんは三角のおにぎりを３つ食べました。お昼ごはんの後は、お昼寝の時間です。お父さんは、クマさんたちが寝る前に昔話の絵本を読んでくれました。『ある日おじいさんは山へ芝刈りに、おばあさんは川へ洗濯に行きました……』。お話を聞いているうちに、クマさんたちはぐっすり眠ってしまいました。しばらくお昼寝して目覚めると、クマさんは公園へ遊びに行きました。公園では、ウシ君やトラ君、タヌキさんやキツネさんがサッカーをしています。『わたしも入れて！』クマさんもみんなと一緒にサッカーをしました。サッカーをした後、クマさんとタヌキさんとウシ君はブランコで遊び、トラ君とキツネさんはすべり台で遊びました。夕方になり、『そろそろお家へ帰ろうか』とみんなが言ったので、『また遊ぼうね』とお約束をして、それぞれ家族が待つお家に帰りました。クマさんはお家に帰ると、夕ごはんができるまでお父さんや弟とトランプをして遊びました。ババ抜きをすると、お父さんが２回とも勝ちました。『ごはんですよ』とお母さんの声がしたので、みんなでテーブルを囲んでおいしい夕ごはんを食べました。今日もクマさ

んの楽しい一日が過ぎていきました」

・一番上の段です。このお話に出てこなかった動物に○をつけましょう。
・2段目です。ヒマワリにお水をあげたとき、クマさんがかぶっていた帽子に○をつけましょう。
・3段目です。家族みんなで食べたおにぎりは全部でいくつでしたか。その数だけ○をかきましょう。
・4段目です。クマさんたちが読んでもらった絵本に出てこないものに○をつけましょう。
・5段目です。ウシ君が遊んだものには○を、トラ君が遊んだものには△をつけましょう。
・一番下の段です。これから話すことを聞いて、お話と合うものには○、違うものには×をそれぞれの果物の下の四角にかきましょう。
　サクランボ　「クマさんは3人家族でした」
　スイカ　　　「クマさんが食べたのはチョコレートのアイスクリームでした」
　モモ　　　　「クマさんがお水をあげたのはヒマワリでした」

2 推理・思考（ルーレット）・数量

・外側と内側がそれぞれ矢印の方向に回るルーレットがあります。外側だけが回り、リンゴが今あるところから黒い三角のところまで来ました。リンゴとその内側にある果物の数を合わせると、全部でいくつになりますか。その数だけ一番上の段に○をかきましょう。
・同じように外側だけが回り、サクランボが白い四角のところまで来ました。そのとき、サクランボとその内側にある果物の数はいくつ違いますか。違う数だけ2段目に○をかきましょう。
・今度は、内側だけが回ります。モモが黒い丸のところまで来たとき、モモとその外側の果物を合わせると全部でいくつになりますか。その数だけ一番下の段に○をかきましょう。

3 言　語

・左側にある縦や横に並んだマス目には、それぞれマス目と同じ数の音の名前が入ります。ただし、二重四角のところには同じ音が入ります。では、丸、三角、四角の列のマス目に矢印の方向にピッタリ入るものを、右側から選んでその列の印をつけましょう。

4 常識（仲間探し）・言語

・左端のものと仲よしのものを真ん中の四角から選び、×をつけましょう。そして、×をつけなかったものの最初の音をつなげてできるものを、右側の四角から選び、○をつけましょう。

5 推理・思考（回転図形）

・上がお手本です。左端にある形を不思議な望遠鏡で見ると、右に2回コトンと倒れて、右端のように見えます。では、すぐ下の3段です。左端の形を不思議な望遠鏡で見ると、どのように見えますか。それぞれ右側から選んで、○をつけましょう。

・左の形を同じ不思議な望遠鏡で見ると、どのように見えますか。すぐ右の形に自分でかきましょう。間違えてしまったときは斜め2本線やバツ印で直さず、もうひとつ右の形に正しくかいてください。

6 推理・思考（進み方）

・カエルが飛び石を跳びながら進んでいきます。一番上の四角にお約束がかいてあります。白い丸のときは、飛び石にかかれた丸が今いるところより1つ少ない飛び石に進みます。白い三角のときは、丸が今いるところより2つ多い石に進みます。同じように白い逆三角のときは丸が1つ多い石へ、黒い逆三角のときは丸が2つ少ない石へ、黒い三角のときは今いるところと同じ印の石に跳んで進みます。では、下の大きな四角を見てください。上の方にかかれた形の順番でお約束通りに進むとき、左上のカエルはどのように飛び石を進みますか。進む飛び石を線でつなぎましょう。跳べる石が2つあるときは、近い方の石に跳ぶようにしてください。ただし、ザリガニが隠れている石には跳べません。線はほかの石にぶつからないように引きましょう。

7 推理・思考（重さ比べ）

・二重四角の中にお約束がかいてあります。シーソーに載せると、丸1つと星2つはつり合います。星1つは三角3つとつり合います。では、すぐ下の段です。それぞれのシーソーで、下がる方に○をつけましょう。つり合うときは、シーソーの真ん中に○をつけましょう。

・一番下の段です。それぞれのシーソーがつり合うには、点線の四角の上にかいてあるものをいくつ載せればよいですか。その数だけ点線の中に○をかきましょう。

8 言　語

（実際には上の四角にかかれたお約束が掲示され、それを見ながら行った）

・上の四角がお約束です。キツネ、ツバメ、クラゲ、ライオンの下に、それぞれ印がかいてあります。この生き物と、名前の最初の音が同じものを下の大きい四角の左側から選んで、それぞれの印をつけましょう。その後に印をつけなかったものの最後の音をつなげると、何になりますか。大きい四角の右側から選んで、○をつけましょう。

9 言　語

・左側のものの最初の音をつなげると、何になりますか。右側から選んで、点と点を線で結びましょう。

10 常識（生活）

・二重丸に描いてあるスポーツや仕事をする人が使うものを、黒い点からスタートしてそれぞれ線でつなぎましょう。線と線がぶつからないようにしてください。

集団テスト

11 巧緻性

クーピーペン（12色）が用意されている。課題は日時により異なる。

・上の2つです。クマからスタートをしてリンゴまで、壁にぶつからないように青で線を引きましょう。

・気球の絵の点線を、青でなぞりましょう。

・好きな色でコスモスの絵を塗りましょう。

絵画（課題画）

画用紙とクーピーペン（12色）が用意されている。テーマは日時により異なる。

・最近していることを描きましょう。

・今、頑張っていることを描きましょう。

・コロナが終わったらやりたいことを描きましょう。

・家族でする楽しいことを描きましょう。

集団ゲーム

・オニごっこ…3人ずつのグループに分かれ、床にテープを貼って作られた3×3のマス目を使って行う。グループで相談してオニ役の2人と逃げる役の1人を決め、逃げる役の人はテスターから青い鉢巻きを渡され、腰に巻く。全員がそれぞれ別の角のマス目に入り、同時に1マスずつ縦か横を選びながらマス目を移動していく。逃げる役とオニ役が同じマス目に入ったら、オニに捕まり終了。縦と横には進めるが斜めには進めない、オニ同士は同じマス目に入れない、というお約束がある。

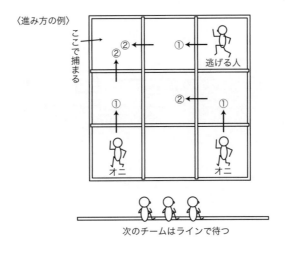

〈進み方の例〉

ここで捕まる

逃げる人

オニ　　オニ

次のチームはラインで待つ

・なぞなぞゲーム…3人ずつのグループに分かれて行う。グループごとにヒマワリやリンゴ、カニなどが描かれた絵カードを1枚引く。1人1つずつ順番にヒントを出して、テスターが描かれているものを答える。

運動テスト

🎽 模倣体操

「ラジオ体操第一」に出てくる運動の中からいくつかを組み合わせたものを、テスターのお手本と同じように行う。

🎽 連続運動

待っている間はお約束の線から出ない、体操座りをきちんとする、お友達のじゃまをしないというお約束がある。

・3段の階段を上って飛び降りる→黒いテープの枠の中で、飛行機のように両手を左右に広げ、片足を後ろへ伸ばして片足バランスを10秒間行う→鉄棒に5秒間ぶら下がる→平均台を渡る→フープの中をケンパーケンパーケンケンパーで進む→赤い線まで後ろ向きで走る→ゴールまでスキップをする。

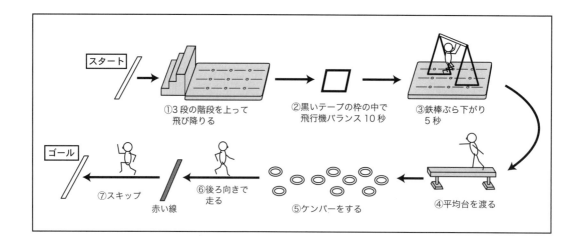

①3段の階段を上って飛び降りる
②黒いテープの枠の中で飛行機バランス10秒
③鉄棒ぶら下がり5秒
④平均台を渡る
⑤ケンパーをする
⑥後ろ向きで走る
⑦スキップ
赤い線
スタート
ゴール

┃ 親 子 面 接 ┃

本 人

- お名前、幼稚園（保育園）名を教えてください。
- お家の電話番号と住所を教えてください。
- 誕生日を教えてください。
- 幼稚園（保育園）の先生の名前を教えてください。どのような先生ですか。
- 幼稚園（保育園）で仲よしのお友達3人の名前を教えてください。
- 幼稚園（保育園）では何をして遊びますか（雨の日、晴れの日、室内、外など）。
- 幼稚園（保育園）は給食ですか、お弁当ですか。お弁当はおいしいですか。
- 幼稚園（保育園）にはどうやって通っていますか。
- 幼稚園（保育園）に行く途中、お家の方とどんな話をしますか。
- 嫌いな食べ物が出てきたらどうしますか。
- お母さまとはどんな遊びをしますか。
- お家のお手伝いはしていますか。
- きょうだいげんかをしますか。どのようなことでけんかになりますか。どうやって仲直りをしますか。
- お父さまやお母さまにどんなときにほめられますか。どんなときにしかられますか。しかられたらどうしますか。
- 夏休みに楽しかったことは何ですか。
- 習い事は何をしていますか。英語は習っていますか。
- 好きな本は何ですか。それはどのようなお話ですか。自分で読めますか。
- 将来、どんな人になってどんなことをしたいですか。
- この小学校に来たいですか。

父　親

- 自己紹介をお願いします。
- 本校に出願した理由をお話しください。
- 本校の印象をお聞かせください。
- ご家庭での教育方針をお聞かせください。
- どのようなお子さんですか。
- お仕事の内容を教えてください。
- 学校行事には参加できますか。
- 通われている幼稚園（保育園）を選んだ理由は何ですか。
- 本校までの経路と所要時間を教えてください。
- 日ごろお子さんとどのようにかかわっていますか。
- お子さんの成長を感じるのはどのようなときですか。
- どのようなときにお子さんをほめ、どのようなときにしかりますか。
- お子さんには将来、どのような人になってほしいですか。
- 併願校を教えてください。
- 幼児教室でのお子さんにどのような印象を受けますか。

母　親

- 自己紹介をお願いします。
- 本校に出願した理由をお話しください。
- ご家庭での教育方針をお聞かせください。
- 子育てで留意している点は何ですか。
- アレルギーや視力など、お子さんの健康面で気をつけることはありますか。
- お子さんをしかるときに気をつけていることは何ですか。
- お子さんの成長を感じるのはどのようなときですか。
- お子さんに食べ物の好き嫌いはありますか。嫌いな食べ物はどのように料理されていますか。
- 本の読み聞かせはしていますか。どのような絵本を読んでいますか。
- お子さんは何か習い事をしていますか。
- お仕事はしていますか。お仕事の内容をお聞かせください。学校行事には参加できますか。
- 併願校はありますか。どちらの学校ですか。
- お子さんの幼児教室での様子を教えてください。いつから通っていますか。通っていることで、どのように変わったと思いますか。
- お子さんには将来、どのような人になってほしいですか。

・考査を受ける際、視力や聴力、利き手など体のことで配慮することはありますか。

面接資料／アンケート Ｗｅｂ出願時に面接資料を入力する。以下のような項目がある。

・出願理由（３点、優先順位の高い順に入力。120〜240文字程度）。
・家庭での教育で特に留意されている点（120〜240文字程度）。
・お子さんの長所と短所（120〜240文字程度）。
・本校を知ったきっかけ（選択式）。
・本校に期待すること（選択式）。
・通学時間。

1

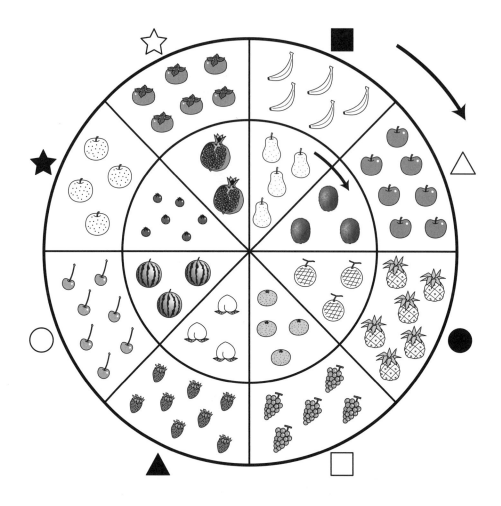

3

4

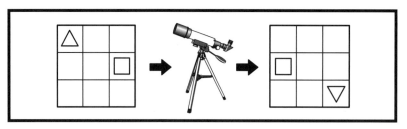

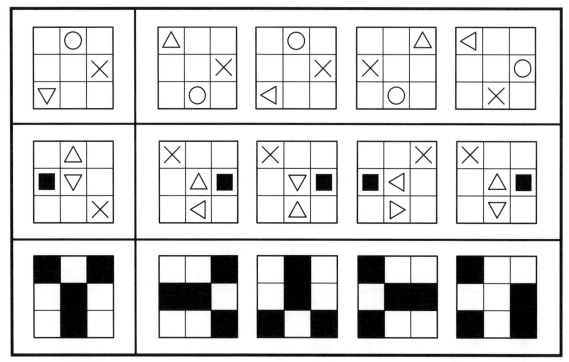

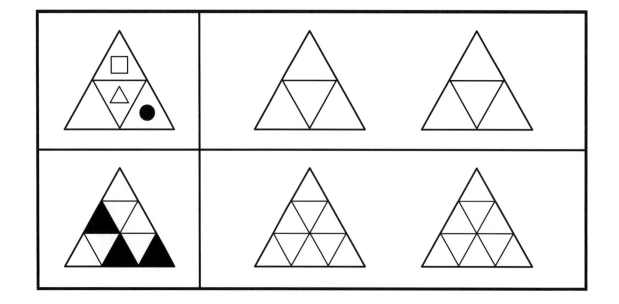

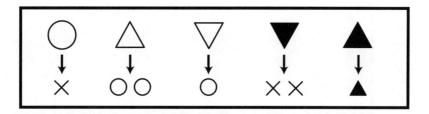

6

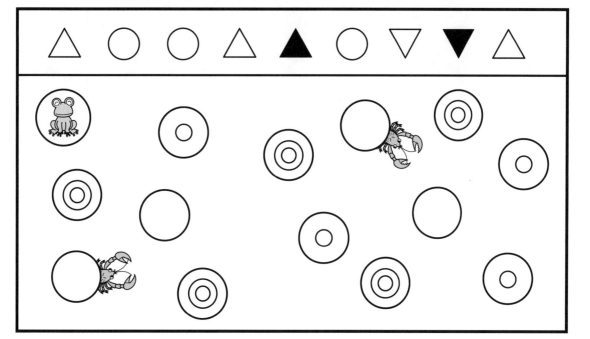

7

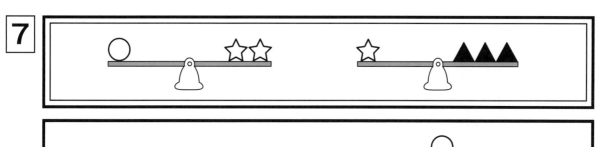

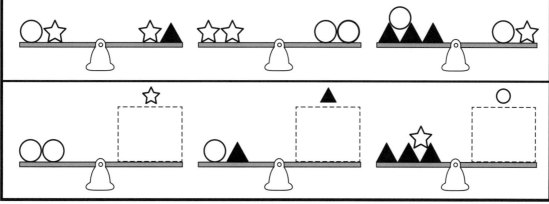

8

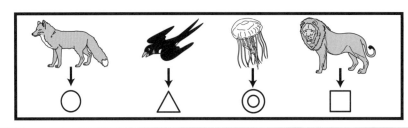

9

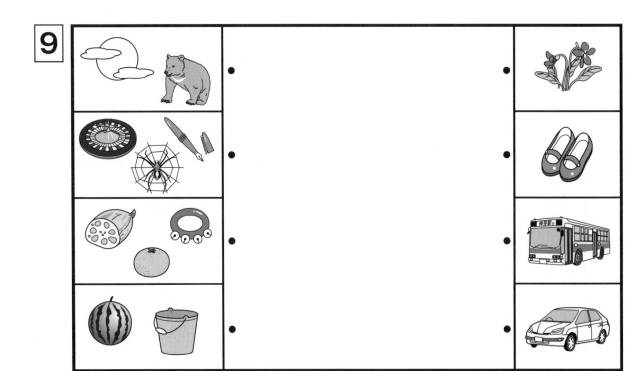

10

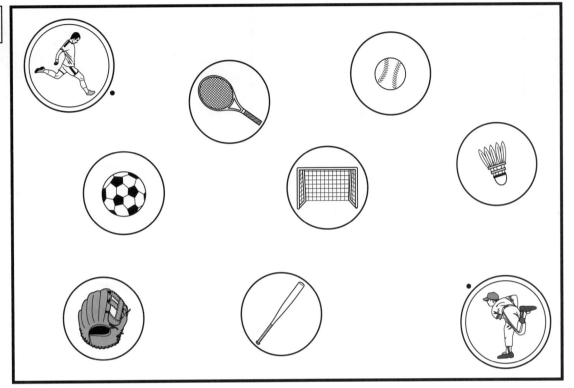

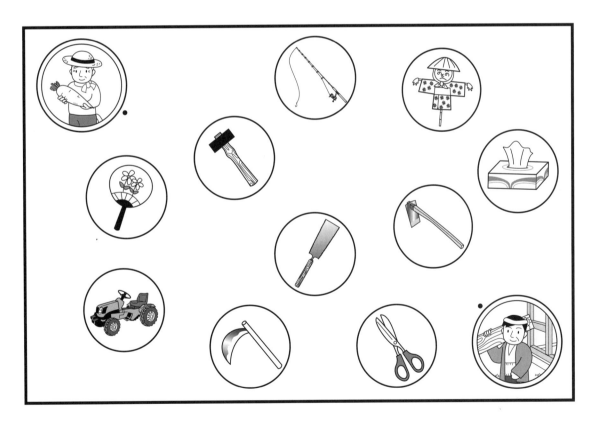

11

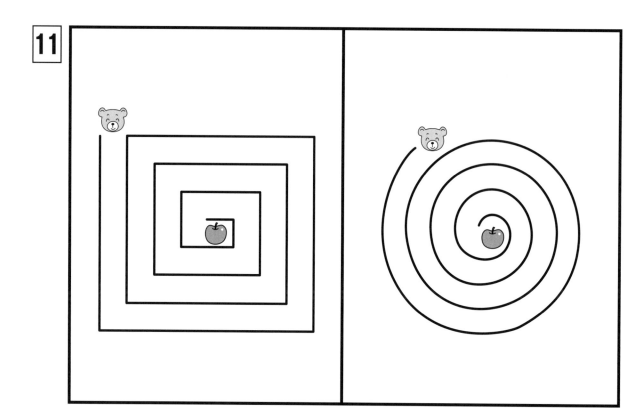

2020 西武学園文理小学校入試問題

section

選抜方法

考査は2日間のうち指定日の1日。男女混合のグループで、ペーパーテスト、集団テスト、運動テストを行う。所要時間は2時間30分～3時間。考査日前の指定日時に親子面接があり、所要時間は約15分。

ペーパーテスト

筆記用具は赤のフェルトペンを使用し、訂正方法は//（斜め2本線）。出題方法は音声。

周りの人に話しかけない、隣のプリントをのぞかない、プリントやペンを落としたときやトイレに行きたいときは、黙って手を挙げる、やめと言われたらすぐに筆記用具を置くよう指示がある。プリントの1枚目に楽器の絵が描いてあり、楽器の名前を言われたらプリントをめくる。

1 話の記憶

「クマ君、タヌキ君、キツネさんが長四角の長沼池に魚釣りに行くことになりました。ヒマワリがたくさん咲いていて、セミが鳴く暑い日です。みんなは麦わら帽子をかぶり水筒と釣りざおを持って、タヌキ君のお家で待ち合わせをしました。長沼池に行く途中、道の真ん中に三輪車が置いてありました。『道の真ん中にあったら、誰かがぶつかりそうで危ないなあ』と言って、クマ君が三輪車を歩道の端に動かしてくれました。釣り場の受付時間が終わるギリギリにようやく長沼池に着くと、幼稚園のヤギ園長先生が釣りをしていました。クマ君、タヌキ君、キツネさんが『こんにちは』とあいさつをすると、ヤギ園長先生が『一緒に釣りをしよう』と仲間に入ってくれました。ヤギ園長先生は、『みんなで一緒に釣ったら、全部で何匹になるかな？』とニコニコしながら言いました。クマ君は3匹釣りました。タヌキ君は2匹釣りましたが、1匹は小さかったので逃がしてあげました。キツネさんは1匹釣りました。ヤギ園長先生は、『みんなが来る前に3匹釣っていたんだけど、もう少し釣りたかったなあ』と言いました。そして『たくさん釣れたし、夕方になったからそろそろお家に帰ろうね』と言って、みんなで帰ることにしました。長沼池の出口では、受付の人がお土産にキンギョを3匹くれました。みんなで帰る途中、リスさんに会いました。リスさんは、お母さんに頼まれてタマネギを買いに来ていたのです。『今度はわたしも釣りに行きたいわ』と言ったので、みんなで『今度はリスさんも一緒に行こうね。楽しみだね』と言いました」

・一番上の段です。このお話に出てこなかった動物に○をつけましょう。
・2段目です。長沼池の形は、どのような形でしたか。合うものに○をつけましょう。

2024
2023
2022
2021
2020
2019
2018
2017
2016
2015

・3段目です。クマ君は三輪車をどこに置いてくれましたか。合う絵に○をつけましょう。

・4段目です。長沼池でヤギ先生とみんなが釣って持ち帰ろうとした魚は全部で何匹ですか。その数だけ○をかきましょう。

・5段目です。最後にキンギョをもらいましたね。そうすると、持ち帰った魚は全部で何匹になりましたか。その数だけ△をかきましょう。

・6段目です。このお話の季節はいつですか。その季節と仲よしの果物の絵を選んで○をつけましょう。

・一番下の段です。これから話すことを聞いて、お話と合うものには○、違うものには×をそれぞれの果物の下の四角にかきましょう。

　バナナ　「ヤギ先生は園長先生です」

　スイカ　「キツネさんは小さい魚を池に逃がしました」

　モモ　　「リスさんはお母さんに頼まれてタマネギを買いました」

2　数　量

・上の絵の中に、ウサギは何匹いますか。その数だけ、ウサギの顔の横の長四角に○をかきましょう。

・ウサギと小鳥を合わせた数はいくつですか。その数だけ、ウサギと小鳥の横の長四角に○をかきましょう。

・クマとリスの数はいくつ違いますか。その数だけ、クマとリスの顔の横の長四角に○をかきましょう。

3　数　量

・白丸が4個ある四角はどれですか。その下の四角に○をかきましょう。

・白丸が5個、黒丸が4個、星が5個ある四角はどれですか。その下の四角に△をかきましょう。

4　数　量

・上にルーレットの絵があります。ダイヤのついた外側の丸のところにも、ハートのついた内側の丸のところにも、それぞれ4種類の文房具の絵が描いてあります。上のルーレットよりも文房具の数が1つずつ多くなっているものを、下のハートとダイヤの段からそれぞれ選んで○をつけましょう。

5　言　語

・左側の縦や横、斜めに並んだマス目には、それぞれマス目と同じ数の音の名前が入ります。ただし、二重四角のところには同じ音が入ります。では、丸、三角、四角の列のマス目に矢印の方向にちょうどよく入るものを右側から選んで、列の印をつけましょう。

6 言　語

・点線の上にあるものの、最初の音を取ってつなげるとできる名前は何ですか。下から1つ選んで○をつけましょう。そのほかの、できないものには×をつけましょう。

7 常識（生活）

・この中で、掃除で使うものに○、料理で使うものに△、洗濯物を干すときに使うものには□をつけましょう。

8 常識（判断力）

・左端のバナナの、すぐ隣のサイコロです。あなたはごはんを食べる前や食べた後にどうしますか。サイコロの1の目は何も言わずに黙って食べる、サイコロの2の目は「ごちそうさま」だけを言う、サイコロの3の目は「いただきます」「ごちそうさま」を言う、です。正しいと思うサイコロを選んで、バナナと選んだサイコロの点と点を線で結びましょう。

・次のサイコロです。よく知っている人に、近くのスーパーマーケットで会いました。あなたならどうしますか。サイコロの1の目は「こんにちは」と大きな声であいさつをする、サイコロの2の目はにっこり笑ってお母さんの後ろに隠れる、サイコロの3の目は知らないふりをして通り過ぎる、です。正しいと思うサイコロを選んで、今いるサイコロと選んだサイコロの点と点を線で結びましょう。

・右の果物の絵のところです。道路を歩いていたら知らない人にぶつかってしまいました。あなたならどうしますか。リンゴは知らないふりをして通り過ぎる、イチゴは相手が謝るのを待つ、スイカは「ごめんなさい」と謝る、です。正しいと思う果物を選んで、今いるサイコロと選んだ果物の点と点を線で結びましょう。

9 言　語（しりとり）

・二重丸の絵から始めて二重四角の絵まで、しりとりでつながるものを選んで順番に線でつなぎましょう。

10 模　写

・上のお手本と同じになるように、下にかきましょう。

11 構　成

・上のお手本を作るときに使わないものを、下から選んで×をつけましょう。形は向きを変えてもよいですが、裏返してはいけません。

12 推理・思考（重ね図形）

・透き通った紙にいろいろな形がかいてあります。矢印の向きに左と右から点線のところで折って重ねると、真ん中のところはどのようになりますか。黒くなるところには✕を、形が見えているところにはそのまま見える形をかきましょう。

13 推理・思考（条件迷路）

・左上のイヌから右下のネコまで、野菜だけを通って進む道に線を引きましょう。縦と横には進めますが、斜めには進めません。

14 観察力（欠所補完）

・矢印の方に回る歯車があります。空いている四角には、どのような形が入りますか。下から1つ選んで○をつけましょう。

集団テスト

15 巧緻性

クーピーペン（12色）が用意されている。課題は日時により異なる。
・点線を青でなぞりましょう。
・宝箱を好きな色で塗りましょう。

絵画（課題画）

画用紙とクーピーペン（12色）が用意されている。下記のいずれかのテーマが指示される。描いている途中で、絵について質問がある。
・あなたの宝物を好きな色で描きましょう。
・あなたが人からもらってうれしかったものを好きな色で描きましょう。
・大人になったらどのようなお家に住みたいかを好きな色で描きましょう。
・未来のお家を好きな色で描きましょう。

集団ゲーム

・グループ作りゲーム…「動物園に行こうよ」の歌を歌いながら歩く。テスターがパンダ、ゾウ、アライグマなど動物の名前を言ったら、その名前の音と同じ数のお友達とグループを作り、手をつないで座る。
・紙コップ積み…約10人ずつのチームに分かれ、チームごとに用意されたたくさんの紙コップを、みんなで工夫してできるだけ高くなるように積む。一番高く

積んだチームの勝ち。床の四角い枠から紙コップを出さないように積む
というお約束がある。

・伝言ゲーム…約10人ずつのグループに分かれて行う。テスターも含めて輪になり、隣
りの人に口頭で文章を伝える。「今日はとてもよい天気です」「秋の食べ物
はおいしいです」「ネコと子イヌの顔はかわいいです」など。

行動観察・自由遊び

体育館に用意されたドミノ、ソフト積み木、おままごとセット、ぬいぐるみなど好きなも
ので遊ぶ。

〈約束〉

・１人で遊ばずにお友達に声をかけて一緒に遊ぶ。

・笛が鳴ったら、遊びをやめてその場でしゃがむ。

・片づけの指示があったらすぐ片づけを始め、笛が鳴るまで続ける。

運動テスト

模倣体操

テスターの指示に従い、前屈、後屈、首回しを行う。

ジャンプ

お約束のポーズをとりながら、ジャンプを続けて行う。グーは手足を閉じ、パーは手足を
開いて、グーグーパーパー・パーパーグーグーでジャンプをくり返す。

連続運動

待っている間はお約束の線から出ない、体操座りをきちんとする、お友達のじゃまをしな
いというお約束がある。

・平均台を渡る→ひじを曲げて鉄棒に５秒間ぶら下がる→フープの中をケンパーケンパー
ケンケンパーで進む→ボールを投げ上げて、１回手をたたいてからキャッチする→カゴ
の中からぞうきんを取ってぞうきんがけで進む→カゴの中にぞうきんを入れゴールし
て、気をつけの姿勢をとる。

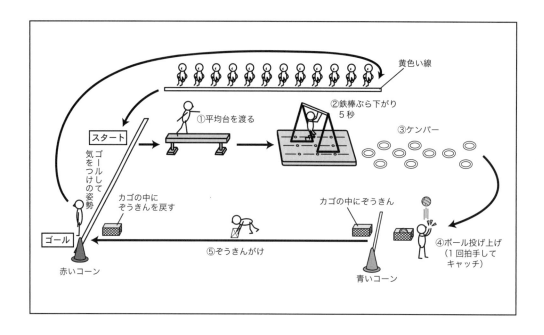

・平均台を渡る→マットで前転をする→フープの中をケンパーケンパーケンケンパーで進む→ボールつきを5回行う→赤い線までクマ歩きで進む→赤いコーンまでスキップで進む→ゴールして気をつけの姿勢をとる。

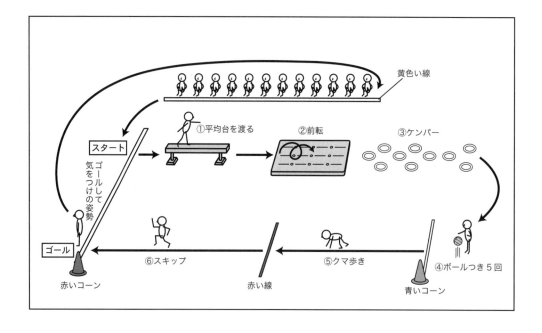

親 子 面 接

本 人

・お名前、幼稚園（保育園）名を教えてください。

・お家の電話番号と住所を教えてください。

・誕生日を教えてください。

・幼稚園（保育園）の先生の名前を教えてください。どのような先生ですか。

・幼稚園（保育園）で仲よしのお友達3人（または5人）の名前を教えてください。

・幼稚園（保育園）では何をして遊びますか（雨の日、晴れの日、室内、外など）。

・幼稚園（保育園）は給食ですか、お弁当ですか。お弁当はおいしいですか。

・幼稚園（保育園）にはどうやって通っていますか。行き帰りに注意することは何ですか。

・お父さまとどのような遊びをしますか。お母さまとどのような遊びをしますか。

・夏休みに楽しかったことは何ですか。

・嫌いな食べ物が出てきたらどうしますか。

・きょうだいげんかをしますか。どのようなことでけんかになりますか。

・お家のお手伝いはしていますか。

・どんなときにほめられますか（しかられますか）。しかられたらどうしますか。

・習い事は何をしていますか。英語は習っていますか。

・好きな本は何ですか。それはどのようなお話ですか。

・大きくなったら何になりたいですか。

・この小学校に来たいですか。

父　親

・自己紹介をお願いします。

・本校に出願した理由をお話しください。

・本校の印象をお聞かせください。

・ご家庭での教育方針をお聞かせください。

・どのようなお子さんですか。

・通われている幼稚園（保育園）を選んだ理由は何ですか。

・お仕事の内容を教えてください。

・学校行事には参加できますか。行事への協力はできますか。

・本校までの経路と所要時間を教えてください。

・日ごろお子さんとどのようにかかわっていますか。

・夕食は週に何回くらいお子さんととっていますか。

・父親として子どもにどのような姿を見せていますか。

・お子さんの成長を感じるのはどのようなときですか。

・お子さんに、将来どのようになってほしいですか。

・併願校を教えてください。本校は第1志望ですか。

・幼児教室でのお子さんにどのような印象を受けますか。

（願書に書いたことからの質問）

母　親

・自己紹介をお願いします。

・志望理由をお話しください。

・ご家庭での教育方針をお聞かせください。

・本校の説明会ではどのような印象を受けましたか。英語教育についてどのような印象を受けましたか。

・アレルギーや視力など、お子さんの健康面で気をつけることはありますか。

・現在お子さんが通っている幼稚園（保育園）について、感想をお聞かせください。

・子育てで留意している点は何ですか。

・お子さんをしかるときに気をつけていることは何ですか。

・お子さんはご主人のことをどのように思っていますか。

・お子さんの成長を感じるのはどのようなときですか。

・子育てをしていて、お子さんにはどのような特徴があると思われますか。

・お子さんに食べ物の好き嫌いはありますか。嫌いな食べ物はどのように料理されていますか。

・本の読み聞かせをしていますか。どのような絵本を読んでいますか。

・お子さんは何か習い事をしていますか。

・お仕事の内容を教えてください。行事には参加できますか。

・併願校はありますか。どちらの学校ですか。

・受験対策はどのようにされましたか。

・小中高一貫教育についてどう思われますか。

・お子さんの幼児教室での様子を教えてください。いつから通っていますか。通っていることでどのように変わったと思いますか。

面接資料／アンケート　出願時に面接資料を提出する。以下のような項目がある。

・出願理由を3点、優先順位の高い順に記入。

・家庭での教育で特に留意されている点。

・お子さんの長所と短所。

・本校を知ったきっかけ（選択式）。

・本校に最も期待すること（選択式）。

・通学経路、通学時間。

2

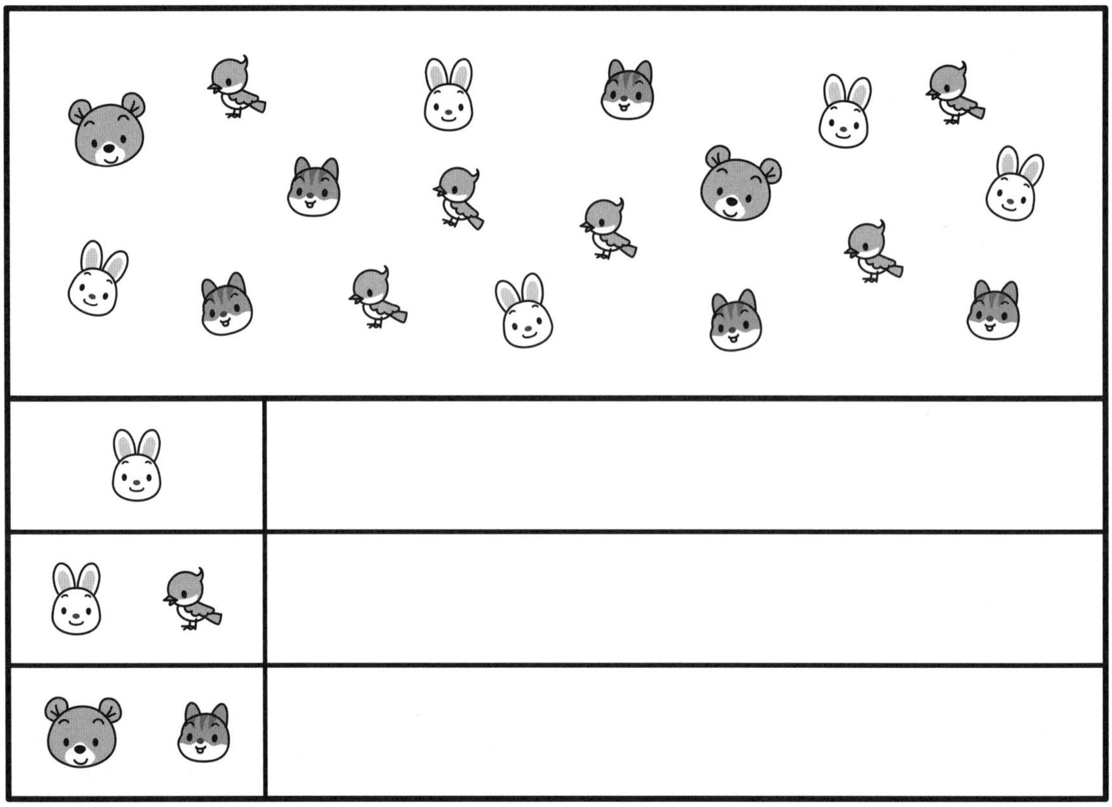

3

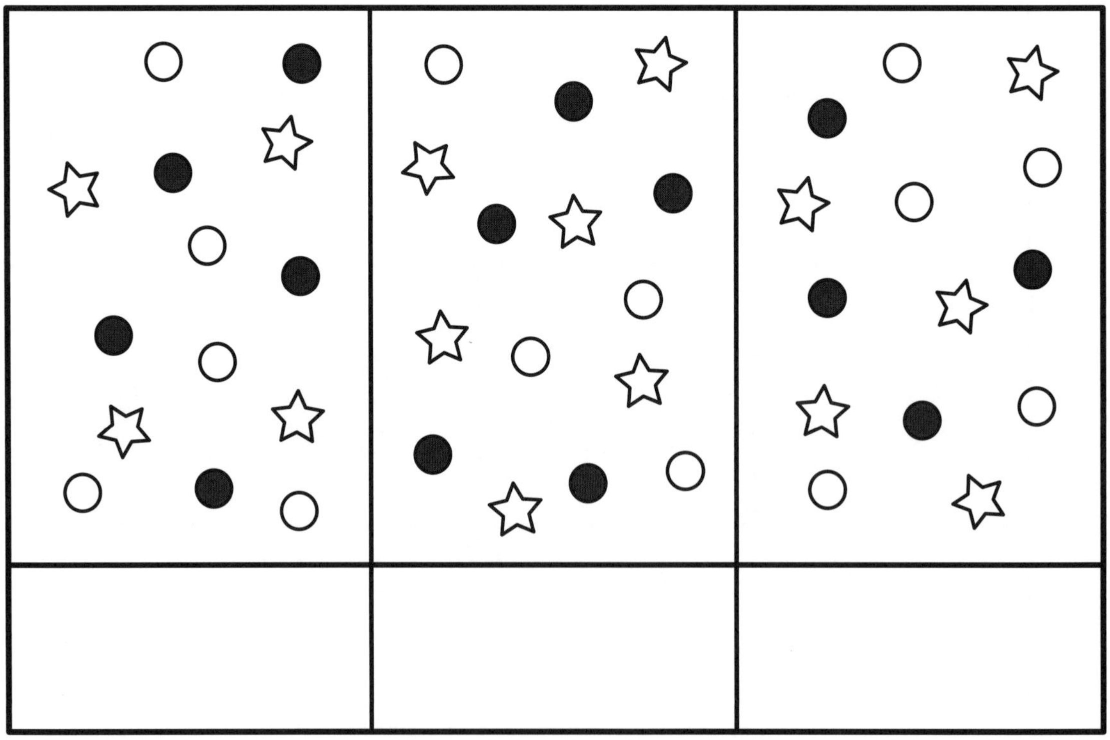

4

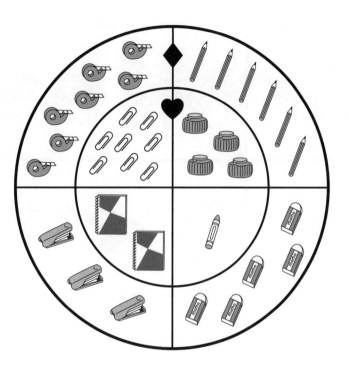

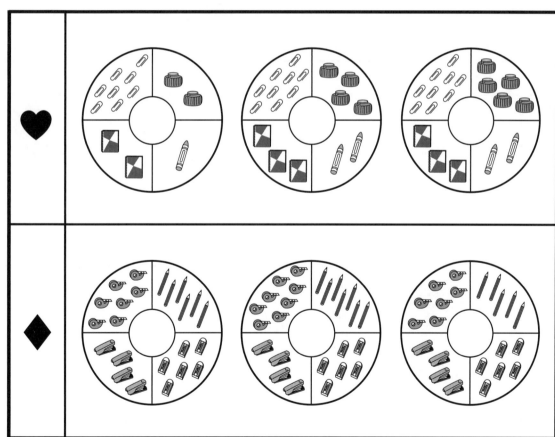

5

6

7

8

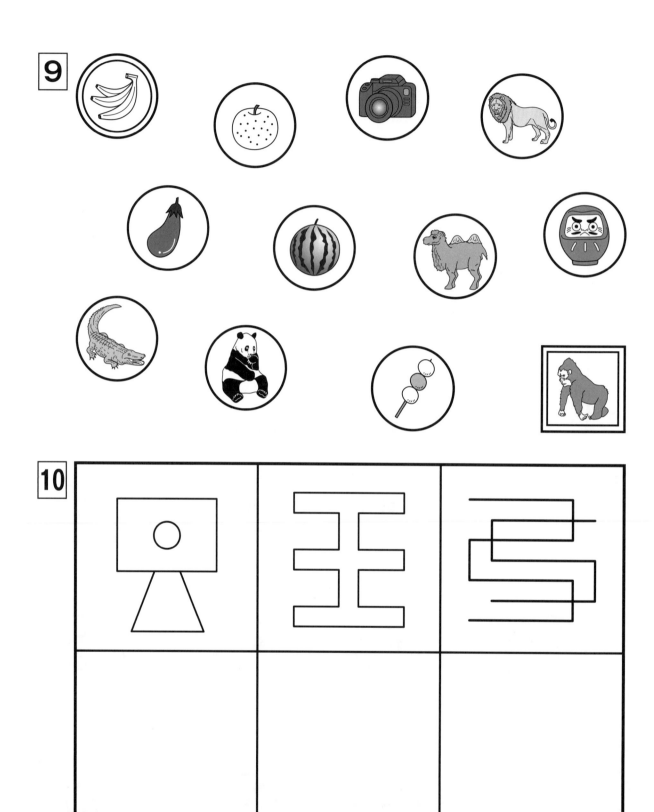

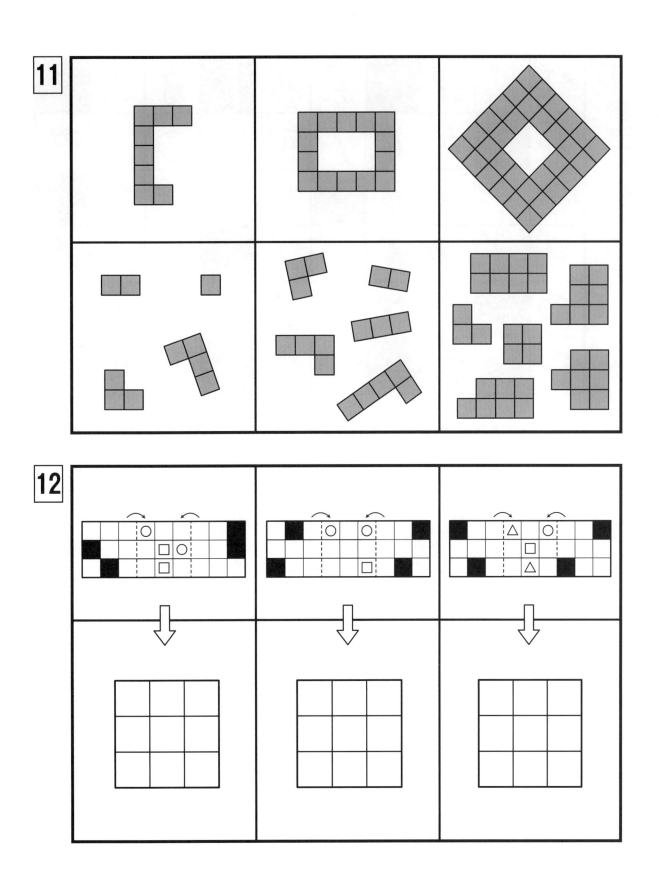

13

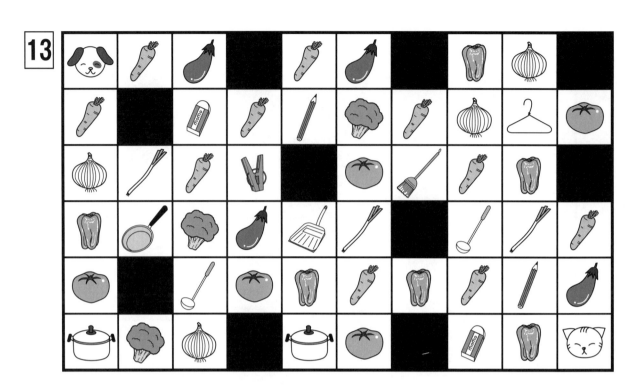

14

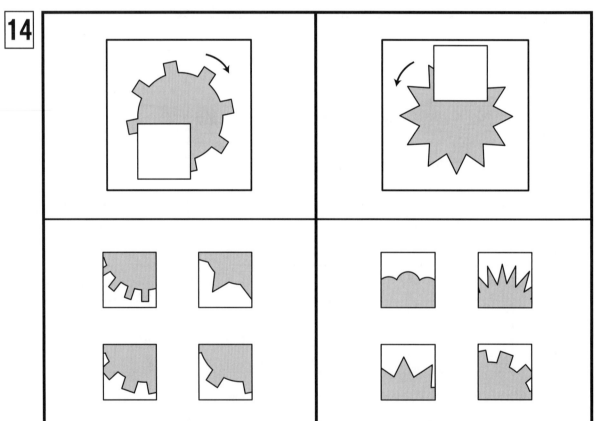

2019 西武学園文理小学校入試問題

選抜方法

考査は２日間のうち指定日の１日。男女混合のグループで、ペーパーテスト、集団テスト、運動テストを行う。所要時間は約２時間30分。考査日前の指定日時に親子面接があり、所要時間は約15分。

ペーパーテスト

筆記用具は赤のフェルトペンを使用し、訂正方法は//（斜め２本線）。出題方法は音声。

周りの人に話しかけない、隣のプリントをのぞかない、プリントやペンを落としたときやトイレに行きたいときは、黙って手を挙げる、やめと言われたらすぐに筆記用具を置くよう指示がある。プリントの１枚目に楽器の絵が描いてあり、楽器の名前を言われたらプリントをめくる。

1 話の記憶

「今日はドングリ幼稚園の遠足です。キツネ君、リスさん、クマ君、そしてカバ校長先生とヤギ先生たちは、リュックサックにレジャーシートと水筒とお弁当と果物を入れました。果物は、キツネ君はナシ、クマ君はリンゴ、リスさんはブドウ、カバ校長先生はクリ、ヤギ先生はカキを入れました。準備ができたので、スクールバスに乗って出発しました。スクールバスの中で、みんなは水族館で何が見たいかお話ししました。キツネ君は『僕、ペンギンが見たい』と言いました。クマ君は『僕はラッコが見たいな』と言いました。リスさんは『わたしはエイが見たいわ』と言いました。いよいよ、水族館に着きました。最初にみんなでペンギンを見ました。『歩くのはよちよちしているのに、泳ぐのはとても上手だね』と、みんなでびっくりしました。次にラッコを見ました。おなかに赤ちゃんを乗せて泳いでいて、『かわいいね』と言いました。３番目にエイを見ました。砂にそっくりな色で見えにくく、かくれんぼをしているようでした。お昼になっておなかもすいてきたので、リンゴの木に囲まれた広場にレジャーシートを敷いて、みんなでお弁当を食べました。食べ終わったころ、クマ君はもっとリンゴが欲しくなりました。そこでクマ君がリンゴの木を揺らし、リスさんが落ちてきたリンゴを受け取めて、いくつもリンゴを採ってしまいました。するとそのうちに、リンゴの枝が１本折れてしまいました。『何をしているんですか。勝手にリンゴを採ったり、枝を折ったりしてはいけませんよ』とヤギ先生が注意して、２匹はリンゴ農家の人に『ごめんなさい』と謝りました。農家の人が『ちゃんと謝れて、えらいね』と言ってリンゴを５個くれたので、みんなでお礼を言いました。みんなは広場で楽しく遊んで、後片づけをしっかりとし、またスクールバスに乗って帰りました。水族館や広場で遊んだ楽しかったことを、お家でたくさんお話ししました」

・一番上の段です。お話に出てこなかった動物に○をつけましょう。

・2段目です。ペンギンが見たいと言っていたのはどの動物ですか。その動物に○をつけましょう。

・3段目です。悪いことをした動物2匹に○をつけましょう。

・農家の人にもらったリンゴの数だけ、4段目の四角に○をかきましょう。

・5段目です。このお話に出てきた果物に○をつけましょう。

・今からするお話を聞いて、さっきのお話に合うものには○、合わないものには×を、それぞれ果物の下の四角にかきましょう。「サクランボです。校長先生はカバでした」「バナナです。リスさんはクリをお弁当に入れてきました」「リンゴです。みんなは2番目にラッコを見ました」

2 数 量

・左端の積み木の数を数えて、同じ数の積み木を右側から選んで、それぞれ○をつけましょう。

3 数 量

・左です。ケーキやアメ、わたあめを2人で分けると、1人分はいくつになりますか。それぞれの絵の横の四角に、その数だけ○をかきましょう。

・右です。動物の中で一番多いものはどれですか。一番多い動物の横の四角に、その数だけ○をかきましょう。

4 言 語

・左側の四角の縦と横に並んだマス目には、それぞれマス目と同じ数の音の名前が入ります。ただし、二重四角のところには同じ音が入ります。それぞれ縦と横のマス目に入るものを右側の絵から考え、使わないものに○をつけましょう。

5 言 語

・左のマス目の中には、周りに描いてあるものの名前の音が1つずつ入ります。矢印の向きに進みながら、色のついたマス目に入る音をつなげていくと、どのような言葉になりますか。右の4つの中から合うものを選んで○をつけましょう。

6 言 語（同頭語）

・上の四角の中のものと名前の最初の音が同じものを、下の四角の中から選んで○をつけましょう。3つともやりましょう。

7 常識（道徳）

・水族館の中の様子です。してはいけないことをしている子に〇をつけましょう。

8 常識・位置・記憶

・この中で、直した方がよいところがある絵を見つけて場所を覚えてください（左の絵を20秒見せた後隠し、右の絵を見せる）。左のマス目です。直した方がよいところがある絵があった場所に〇をつけましょう。また、右の4つの絵の中から、それを直す道具を見つけて△をつけましょう。下まで全部やりましょう。

9 推理・思考（重さ比べ）

・動物たちが、シーソーで重さ比べをしています。一番重い動物に〇、一番軽い動物に△をつけましょう。印は右の四角の中の顔につけてください。

10 推理・思考（回転図形）

・左端がお手本です。外側の大きい丸は外側の矢印の向きに、内側の小さい丸は内側の矢印の向きに1つずつ回ります。外側の丸と内側の丸が同じ数ずつそれぞれ矢印の向きに回るとき、どうしてもできないもの1つを右から選んで〇をつけましょう。

11 点図形

・左のお手本は、すぐ右の四角と星の四角を重ねるとできます。重ねてお手本のようになるには、星の四角にはどのような線があればよいですか。足りないところだけ、星の四角に線をかきましょう。もし星の四角の線を間違えてしまったら、隣の月の四角にかき直しましょう。

12 数量（マジックボックス）

・上がお約束です。丸が星の箱を通ると2つ増え、月の箱を通ると3つ増え、太陽の箱を通ると2つ減ります。では、丸が下のように箱を通ると、空いている四角の中の丸はいくつになりますか。その数だけそれぞれの四角の中に〇をかきましょう。

▌集団テスト▌

13 巧緻性

クーピーペン（12色）が用意されている。
・点線のゾウを青でなぞりましょう。

・クジャクを好きな色で塗りましょう。

絵画（課題画）

画用紙とクーピーペン（12色）が用意されている。下記のいずれかのテーマが指示される。
・夏休みに楽しかったことを描きましょう。
・夏休みに自分が頑張ったことを描きましょう。
・公園で遊ぶとき何で遊びますか。遊具と自分を描きましょう。
・自分がお手伝いをしているところを描きましょう。

集団ゲーム

・グループ作りゲーム…「動物園に行こうよ」の歌を歌いながら歩く。テスターが動物の名前を言ったら、その名前の音と同じ数のお友達とグループを作り、手をつないで座る。
・紙コップ積み…9人ずつ6つのチームに分かれる。用意された紙コップをできるだけ高くなるように工夫して積み、どのチームが一番高く積めるか競争する。赤い四角の枠から紙コップを出さないように積むというお約束がある。
・ドミノ競争…チームに分かれて、どのチームが一番長くドミノを並べられるか競争する。

行動観察・自由遊び

体育館に用意された縄跳び、フープ、ソフト積み木、フリスビー、ボウリング（空ペットボトルのピンとボール）、ドッジボールなど好きなもので遊ぶ。オニごっこをしてもよいが、遊ぶ場所が決められている。
〈約束〉
・1人で遊ばずにお友達に声をかけて一緒に遊ぶ。
・笛が鳴ったら、遊びをやめてその場でしゃがむ。
・片づけの指示があったらすぐ片づけを始め、笛が鳴るまで続ける。

運動テスト

ジャンプ

その場でジャンプしながら、手と足で同時にグーパーグーパーグーチョキパーを4回行う。

連続運動

待っている間は黄色い線から出ない、体操座りをきちんとする、お友達のじゃまをしないというお約束がある。

・コーンまでボールをつきながら進む→次のコーンまでクマ歩きで進む→5秒間片足バランスをする→トランポリンで5回跳ぶ→次のコーンまでケンパー5回で進む→ぞうきんがけで進む→ゴールしてぞうきんをカゴに入れ、気をつけの姿勢をとる。

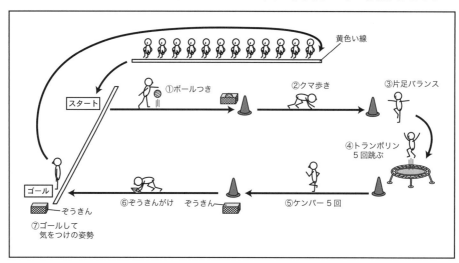

・平均台を渡る→マットで前転をする→鉄棒に5秒間ぶら下がる→ボールを投げ上げて、1回手をたたいてからキャッチする→次のコーンまでケンケンパーケンケンパーで進む→ぞうきんがけで進む→ゴールしてぞうきんをカゴに入れ、気をつけの姿勢をとる。

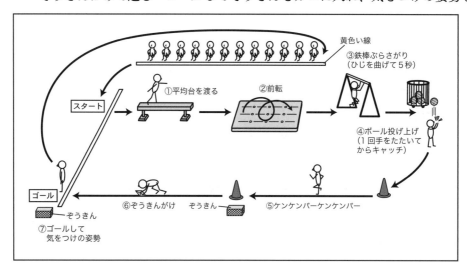

・平均台を渡る→マットの上で前転をする→マットの上に縦に引かれた赤い線の上を、横に引かれた線までクマ歩きで進む→カエルのように両手を床につけたまま、両足を上に蹴り上げて足の裏を打ち合わせる→立ってジャンプしながら両手、両足を同時に打ち合わせる→ジャンプしながらその場で1回転する→ボールを投げ上げ、1回手をたたいてからキャッチする→スキップで進む→ゴールして気をつけの姿勢をとる。

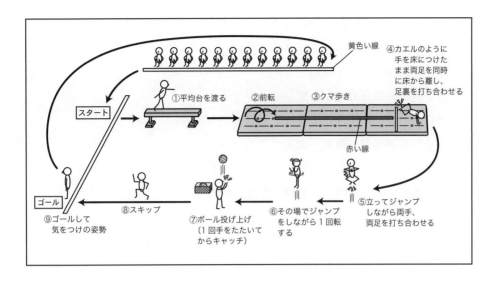

親 子 面 接

本 人

・お名前、幼稚園（保育園）名を教えてください。

・お家の電話番号と住所を教えてください。

・誕生日を教えてください。

・幼稚園（保育園）の先生の名前と、仲よしのお友達５人の名前を教えてください。

・幼稚園（保育園）では何をして遊びますか（雨の日、晴れの日、室内、外など）。

・幼稚園（保育園）は給食ですか、お弁当ですか。お弁当は誰が作りますか。

・幼稚園（保育園）にはどうやって通っていますか。

・幼稚園（保育園）の行き帰りに注意することは何ですか。

・お父さま（お母さま）とはどんな遊びをしますか。

・好き（嫌い）な食べものは何ですか。

・嫌いな食べ物が出てきたらどうしますか。

・きょうだいでけんかをしますか。どのようなことでけんかになりますか。

・大きくなったら何になりたいですか。

・どんなときにほめられますか（しかられますか）。

・習い事は何をしていますか。どこのお教室に通っていますか。

・好きな本は何ですか。それはどのようなお話ですか。

・この小学校に来たいと思いますか。

・お家のお手伝いはしていますか。

父 親

・本校に出願した理由をお話しください。
・本校の印象をお聞かせください。
・本校に期待することは何ですか。
・ご家庭での教育方針をお聞かせください。
・ご自身ではどのような父親だとお考えですか。
・お子さんの名前の由来を教えてください。
・どのようなお子さんですか。
・通われている幼稚園（保育園）を選んだ理由は何ですか。
・お仕事の内容を教えてください。
・学校行事には参加できますか。行事への協力はできますか。
・本校までの経路と所要時間を教えてください。
・夕食は週に何回くらいお子さんととれていますか。
・休日はお子さんとどのように過ごしていますか。
・どのようなときにお子さんの成長を感じますか。
・お子さんに将来、どのようになってほしいですか。
・併願校を教えてください。本校は第1志望ですか。

母　親

・アレルギーや視力など、お子さんの健康面で気をつけることはありますか。
・現在お子さんが通っている幼稚園（保育園）について、感想をお聞かせください。
・どのようなときにお子さんの成長を感じますか。
・子育てで留意している点は何ですか。
・子育てしていて、お子さんにはどのような特徴があると思われますか。
・お子さんはご主人のことをどのように思っていますか。
・お仕事の内容を教えてください。学校行事には参加できますか。
・幼稚園（保育園）の送迎は誰がしていますか。
・お子さんに絵本の読み聞かせをしていますか。それはどのような本ですか。
・お子さんに食べ物の好き嫌いはありますか。嫌いな食べ物はどのように料理されていますか。
・最寄り駅はどちらですか。通学時間はどれくらいかかりそうですか。
・受験対策はどのようにされましたか。
・お子さんの塾での様子を教えてください。いつから通っていますか。
・お子さんは何か習い事をしていますか。
・ご家庭での教育方針を教えてください。
・小中高一貫教育についてどのように思われますか。
・併願校はありますか。どちらの学校ですか。

面接資料／アンケート 出願時に面接資料を提出する。以下のような項目がある。

・出願理由を３点、優先順位の高い順に記入。
・家庭での教育で特に留意されている点。
・お子さんの長所と短所。
・本校を知ったきっかけ（選択式）。
・本校に最も期待すること（選択式）。
・通学経路、通学時間。

1

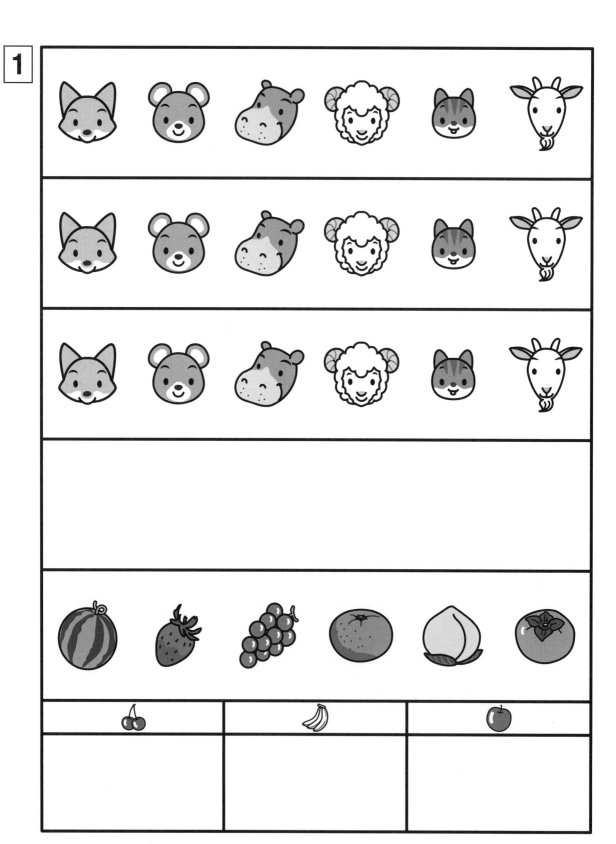

2

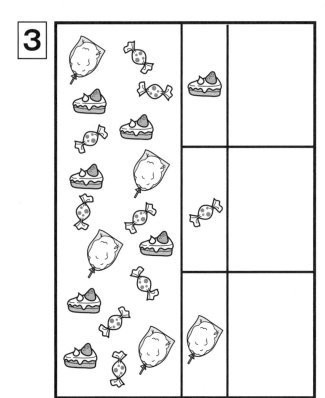

3

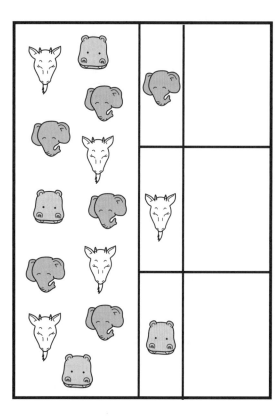

4

5

6

7

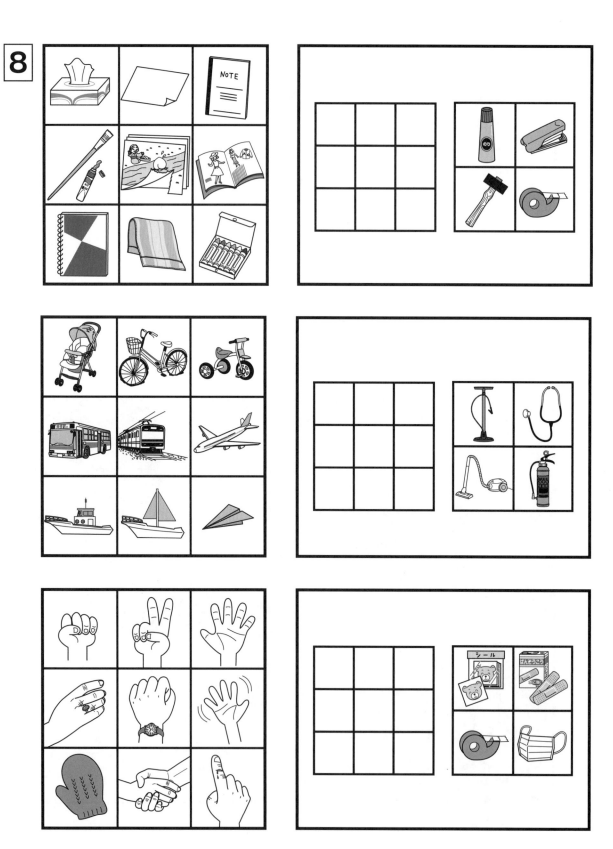

9

10

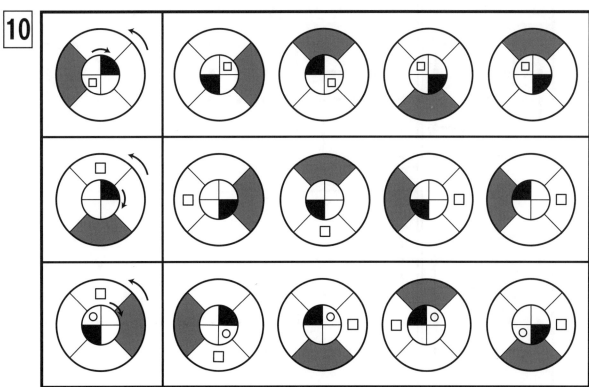

11

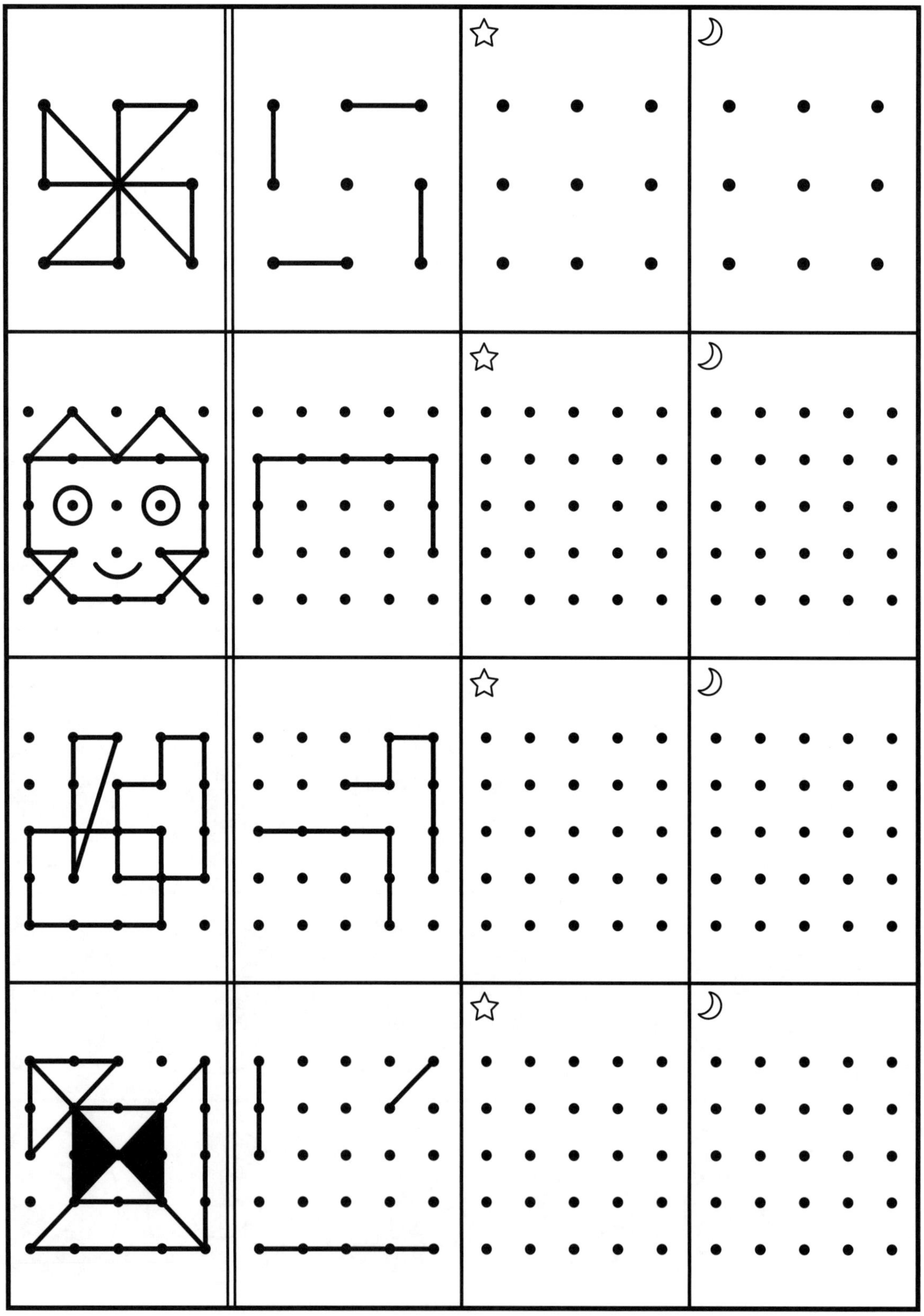

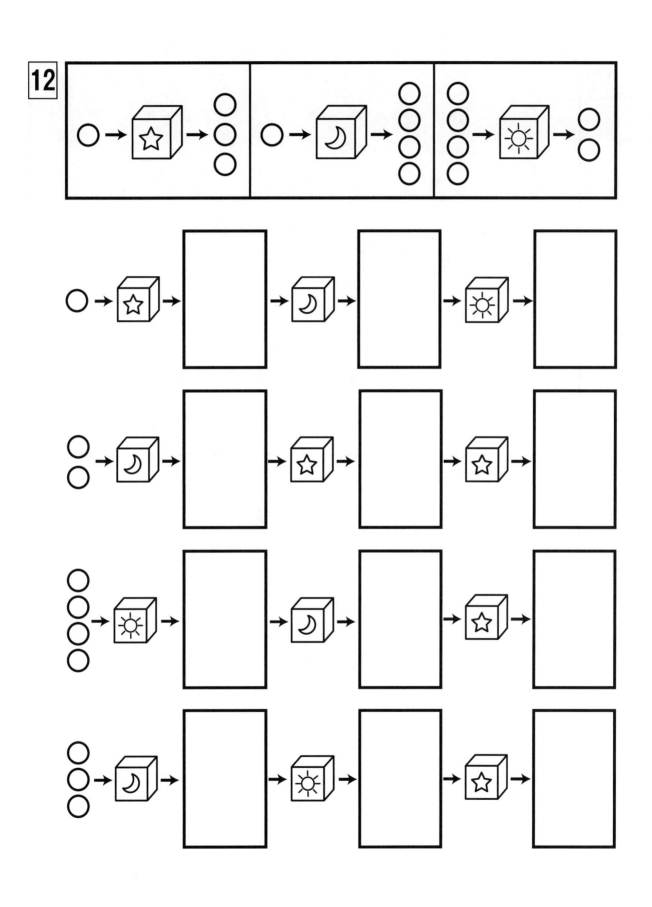

13

section 2018 西武学園文理小学校入試問題

■ 選抜方法

考査は2日間のうち指定日の1日。男女混合のグループで、ペーパーテスト、集団テスト、運動テストを行う。所要時間は約2時間30分。考査日前の指定日時に親子面接があり、所要時間は約15分。

┃ ペーパーテスト ┃ 筆記用具は赤のフェルトペンとオレンジ色のクーピーペンを使用し、訂正方法は//（斜め2本線）。出題方法は音声。

周りの人に話しかけない、隣のプリントをのぞかない、プリントやペンを落としたときやトイレに行きたいときは、黙って手を挙げる、やめと言われたらすぐに筆記用具を置くよう指示がある。プリントの1枚目に楽器の絵が描いてあり、楽器の名前を言われたらプリントをめくる。

1 話の記憶

「今日は動物村幼稚園の運動会です。とてもよいお天気で、空にはこいのぼりが風に吹かれて元気に泳いでいます。白組のクマさんとイヌさん、赤組のネコさんとコアラさんは張り切っています。ヤギの校長先生が、『泳いでいるこいのぼりのように、皆さんも元気に頑張りましょう』とあいさつしました。まず最初に、みんなで準備体操をしました。2番目は、みんなが楽しみにしていた綱引きです。『よいしょ、よいしょ』と声を合わせて綱を引っ張り、最後に赤組が勝ちました。3番目は玉入れです。最後に入った玉を数えたら、白が16個、赤が15個でした。イヌさんはのどが渇いたので、玉入れの後に水を飲みました。いよいよ4番目はかけっこです。1等賞はコアラさん、2等賞はネコさん、3等賞はイヌさん、4等賞はクマさんでした。運動会が終わって優勝チームが発表されました。『優勝は赤組でした。どちらも精一杯頑張って、素晴らしい運動会でした』と、校長先生はみんなをほめてくれました。みんな、さわやかな気持ちになって帰りました」

・1段目です。このお話に出てこなかった動物に○をつけましょう。
・2段目です。玉入れの後で水を飲んだ動物に○をつけましょう。
・3段目です。3番目にしたことは何でしたか。合う絵に○をつけましょう。
・4段目です。ネコさんはかけっこで何等賞でしたか。その数だけ○をかきましょう。
・5段目です。このお話の季節はいつですか。その季節と仲よしの絵に○をつけましょう。
・6段目です。このお話に合う絵に○、合わない絵に×をつけましょう。
　サクランボ：優勝したチームは赤でした。
　バナナ：4番目にしたことは綱引きでした。

　　　　ブドウ：玉入れで勝ったのは白組でした。

2 数　量

・左の積み木と同じ数のものがある四角を、右から選んで○をつけましょう。

3 言　語

・左の縦と横に並んだマス目には、それぞれマス目と同じ数の音の名前が入ります。ただし、二重四角のところには同じ音が入ります。縦と横のマス目に入るものをそれぞれ右の四角から選んで、○をつけましょう。

4 言語（しりとり）

・左上の白い矢印のところから始めて、右下の黒い矢印のところまでしりとりでつながるように線を引きましょう。縦と横には進めますが、斜めには進めません。また、鳥の仲間を３つ通ること、花の仲間は通ってはいけないことがお約束です。

5 常識（仲間探し）

・左の四角の仲間を、右の四角から全部選んで○をつけましょう。

6 観察力（同図形発見）

・上の絵がお手本です。下の四角の中でお手本の左のカタツムリと同じものに○、右のカタツムリと同じものに△をつけましょう。

7 推理・思考

・上の四角にマス目があります。星のついた方を上にして、マス目の中にあるいろいろな印が下に落ちていきます。下まで全部落ちたときに同じ印が並んでいたら、並んだ印は消えるお約束です。このお約束で印が下まで全部落ちたとき、マス目はどのようになりますか。それぞれ下の四角の中から正しいものを１つ選んで○をつけましょう。

8 数量（進み方）

・ウサギとカメが矢印の向きにグルグル回ってかけっこをします。ウサギは１回に６個進み、カメは１回に３個進むお約束です。ウサギが４回、カメが７回進むと、それぞれどこに着きますか。ウサギの着いたところに○、カメの着いたところに△をかきましょう。

9 模写（対称）

・黒い線の下に絵があります。線のところに鏡を置くと、下にある絵はどのように映りますか。映った様子を黒い線の上の四角に描きましょう。

10 推理・思考

上の絵を見ましょう。矢印の向きに観覧車が回っています。動物たちが、並んでいる順番で1匹ずつ観覧車に乗ります。では、下の2つの段を見ましょう。

・上の段です。イヌさんが星の観覧車に乗るとき、四角の観覧車に乗る動物に○をつけましょう。

・下の段です。そのまま星の観覧車が一番上まで上がったとき、一番下の観覧車に乗っている動物に○をつけましょう。

集団テスト

11 巧緻性

台紙とクーピーペン（12色）が用意されている。

・左の絵の点線をなぞりましょう。

・右の絵を好きな色で塗りましょう。

絵画（課題画）

白い画用紙とクーピーペンが用意されている。テーマは日時により異なる。

・自分がお友達と何かをして遊んでいるところを描きましょう。

・自分がお手伝いをしているところを描きましょう。

集団ゲーム

体育館で行う。

・グループ作りゲーム…テスターが太鼓を鳴らすので、その音と同じ数のお友達と集まり手をつないで座る。

・紙コップ積み…9人ずつ3つのグループに分かれる。グループごとにたくさんの紙コップが用意されている。どのグループが一番高く紙コップを積めるか競争する。決められた赤い四角の枠から紙コップを出さないように積むというお約束がある。

・ドミノ倒し…グループごとに用意されているドミノを使って、どのグループが一番長くドミノを並べられるか競争する。

行動観察・自由遊び

体育館に用意された縄跳び、フープ、ソフト積み木、フリスビー、ボウリング（空ペットボトルのピンとボール）、ドッジボールなど好きなもので遊ぶ。オニごっこをしてもよいが、

遊ぶ場所が決められている。

〈約束〉

・1人で遊ばずにお友達に声をかけて一緒に遊ぶ。

・笛が鳴ったら、遊びをやめてその場でしゃがむ。

・片づけの指示があったらすぐ片づけを始め、笛が鳴るまで続ける。

運動テスト

■ ジャンプ

ジャンプをその場で4回行う。その後、跳んだときに手足を横に広げて閉じるジャンプを2回くり返す。

■ 連続運動

平均台を渡る→マットで前転をする→クマ歩きで進む→鉄棒に5秒間ぶら下がる→ボールを5回つく→ケンケンパーケンケンパーで進む→コーンまでスキップする。終わったら、指示されたところで体操座りをして待つ。

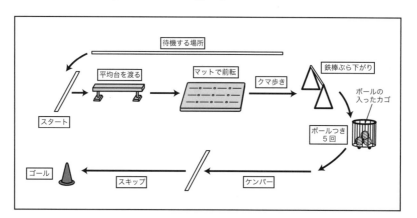

親 子 面 接

本 人

・お名前、幼稚園（保育園）名を教えてください。

・お家の電話番号と住所を教えてください。

・誕生日はいつですか。

・幼稚園（保育園）の先生の名前と、仲よしのお友達5人の名前を教えてください。お友達とはどのようなことをして遊びますか。

・幼稚園（保育園）では何をして遊びますか（雨の日、晴れの日、室内、外など）。

・幼稚園（保育園）は給食ですか、お弁当ですか。お弁当は誰が作りますか。

・幼稚園（保育園）にはどのように通っていますか。

・幼稚園（保育園）への行き帰りに注意することは何ですか。

・お父さま（お母さま）とはどのような遊びをしますか。

・好きな食べもの、嫌いな食べ物は何ですか。

・嫌いな食べ物が出てきたらどうしますか。

・きょうだいげんかをしますか。どのようなことでけんかになりますか。

・大きくなったら何になりたいですか。

・どのようなときにほめられますか。

・どのようなときにしかられますか。

・お家のお手伝いはしていますか。

・何か習い事はしていますか。英語は習っていますか。

・好きな絵本は何ですか。それはどのようなお話ですか。

・この小学校に来たいと思いますか。

父 親

・志望理由をお話しください。

・本校に期待することは何ですか。

・お子さんの名前の由来を教えてください。

・どのようなお子さんですか。

・通っている幼稚園（保育園）を選んだ理由は何ですか。

・お仕事の内容を教えてください。

・学校行事には参加できますか。行事への協力はできますか。

・本校までの経路と所要時間を教えてください。

・週に何回くらいお子さんと夕食をとっていますか。

・休日はお子さんとどのように過ごしていますか。

・ご家庭での教育方針をお聞かせください。

・お子さんの成長を感じるのはどのようなときですか。

・お子さんには将来、どのようになってほしいですか。

・併願校はありますか。どちらの学校ですか。

母 親

・お子さんにはアレルギーや視力が弱いなど、健康面で配慮すべきことはありますか。

・現在お子さんが通っている幼稚園（保育園）について、感想をお聞かせください。

・どのようなときにお子さんの成長を感じますか。

- 子育てで留意している点は何ですか。
- お子さんの特徴をお話しください。
- お仕事の内容を教えてください。学校行事には参加できますか。
- 幼稚園の送迎は誰がしていますか。
- お子さんに絵本の読み聞かせをしていますか。それはどのような本ですか。
- お子さんに食べ物の好き嫌いはありますか。嫌いな食べ物はどのように料理されていますか。
- 最寄り駅はどちらですか。
- 通学時間はどれくらいかかりそうですか。
- 受験対策はどのようにされましたか。
- お子さんの塾での様子を教えてください。いつから通っていますか。
- お子さんは何か習い事をしていますか。
- 小中高一貫教育についてどのように思われますか。
- 併願校はありますか。どちらの学校ですか。

面接資料／アンケート 出願時に面接資料を提出する。以下のような項目がある。

- 出願理由を3点、優先順位の高い順に記入。
- 家庭での教育で特に留意されている点。
- お子さんの長所と短所。
- 本校を知ったきっかけ（選択式）。
- 本校に最も期待すること（選択式）。
- 通学経路、通学時間。

1

4

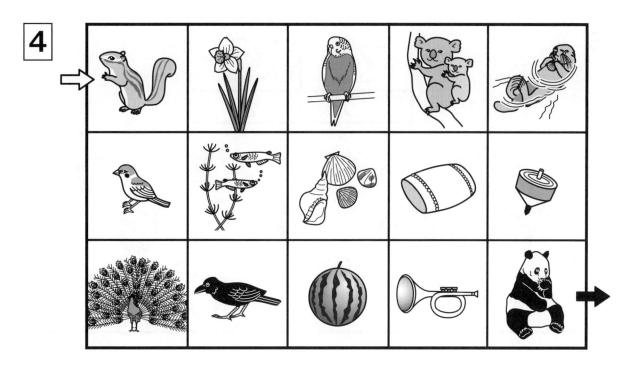

5

6

7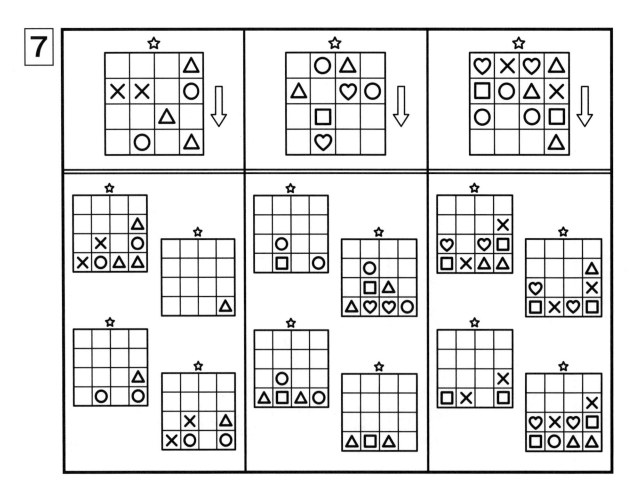

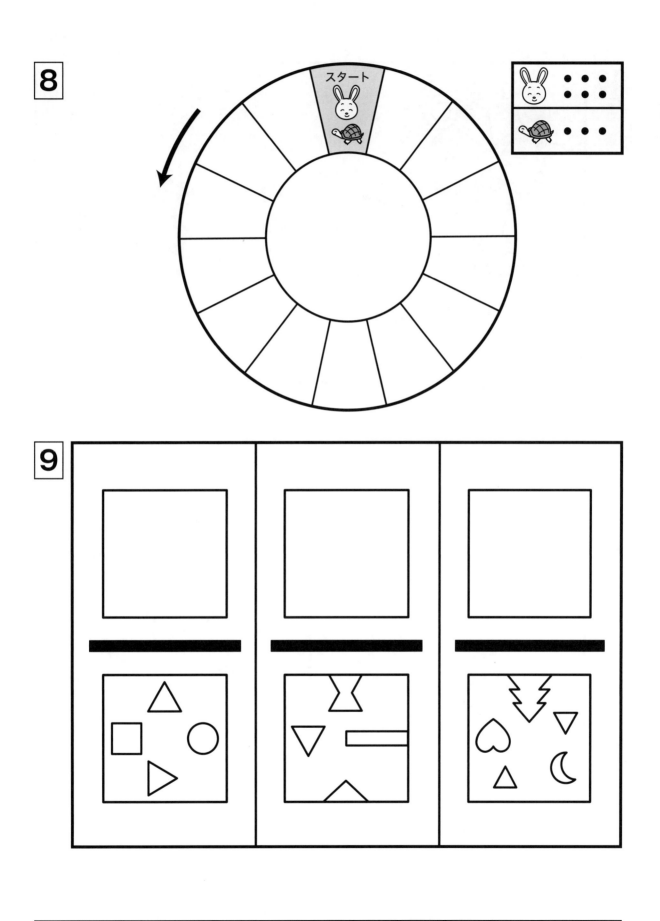

10

11

section
2017 西武学園文理小学校入試問題

■ 選抜方法

考査は2日間のうち指定日の1日。年長者から生年月日順に男女混合のグループで、ペーパーテスト、集団テスト、運動テストを行う。所要時間は約2時間30分。考査日前の指定日時に親子面接があり、所要時間は約15分。

┃ ペーパーテスト ┃ 筆記用具は赤のフェルトペンを使用し、訂正方法は//(斜め2本線)。出題方法は話の記憶のみテープで、ほかは口頭。

周りの人に話しかけない、隣のプリントをのぞかない、プリントやペンを落としたときやトイレに行きたいときは、黙って手を挙げるよう指示がある。プリントの1枚目に楽器の絵が描いてあり、楽器の名前を言われたらプリントをめくる。

1 話の記憶

「今日は動物村幼稚園のクリ拾い遠足の日で、とてもよいお天気です。クマさん、キツネさん、ネコさん、ウシさん、コアラさんはリュックサックにお弁当とおやつを詰め水筒を持って、ヤギ先生と一緒にバスに乗りました。クリの木の森に向かって出発です。ようやく森に到着すると、ヤギ先生が『みんなであの大きなクリの木のところまでかけっこをしましょう』と言いました。『ヨーイ、ドン』の合図でみんな張り切ってスタートしました。コアラさんが1番目、ネコさんが2番目にゴールのクリの木に着きました。後の4匹も次々とゴールしました。いよいよクリ拾いです。みんなニコニコしながら『あったよ』『また見つけたよ』と言ってクリを拾っていきました。クリのいがの中からクリを取り出すのは大変でしたが、クマさんは8個、ネコさんは7個、キツネさんは3個、ウシさんとコアラさんは5個拾いました。いっぱいクリを拾っておなかがすいたので、みんなでお弁当を食べることにしました。キツネさんは丸いおにぎりを2つ食べました。ウシさんとコアラさんは三角のおにぎりを3つ、ほかの動物たちは三角のおにぎりを2つずつ食べました。おなかいっぱいになったみんなは落ち葉拾いやオニごっこをして遊びました。ヤギ先生が『皆さん、今日はとても楽しかったですね。それではバスに乗って帰りましょう』と言ったので、みんなはクリを大切に持ってバスに乗りました。そしてお家の人の喜ぶ顔を楽しみにして帰りました」

・一番上の段です。このお話に出てこなかった動物に○をつけましょう。
・上から2段目です。森のクリの木に1番目に着いた動物に○をつけましょう。
・上から3段目です。クリを7個拾った動物に○をつけましょう。

・上から4段目です。ウシさんは三角のおにぎりをいくつ食べましたか。その数だけ四角の中に○をかきましょう。

・このお話の季節はいつですか。その季節と仲よしの絵を選んで○をつけましょう。

・これから言うことがこのお話に合っていたら○を、違っていたら×を、それぞれの果物の絵の下の四角にかきましょう。「サクランボの四角です。みんなはバスに乗って遠足に行きました」「バナナの四角です。キツネさんは三角のおにぎりを食べました」「リンゴの四角です。遠足でたくさんイモ掘りをして帰りました」

2 系列完成

・いろいろな形が決まりよく並んでいます。空いている四角にはどの形が入るとよいですか。その形を四角の中にかきましょう。

3 数量（対応）

左の四角の中に、ショートケーキ、ハンバーガー、アメ、チョコレートがあります。

・ハンバーガー1つとアメ3個を1人分として4人分作ります。あと何個アメがあればよいですか。その数だけ右の1段目の四角に○をかきましょう。

・ショートケーキ1つとアメ2個を1人分として5人分作ります。あと何個アメがあればよいですか。その数だけ右の2段目の四角に△をかきましょう。

・チョコレート1枚とアメ2個を1人分として4人分作ります。チョコレートは何枚余りますか。その数だけ右の3段目の四角に×をかきましょう。

・ショートケーキ1つとチョコレート2枚を1人分として5人分作ります。あと何枚チョコレートがあればよいですか。その数だけ右の4段目の四角に□をかきましょう。

4 推理・思考（四方図）

・お手本の積み木を上から見るとどのように見えますか。正しいものを下から選んで○をつけましょう。

5 言　語

・左側の四角に縦と横に並んだマス目には、それぞれのマス目と同じ数の音の名前が入ります。ただし、二重四角のところには同じ音が入ります。それぞれの縦と横のマス目に入るものを、右の四角の中から選んで○をつけましょう。

6 言　語

・左側の四角の絵の最初の音をつなげると、何という言葉ができますか。右から1つ選んで○をつけましょう。

7 言語（しりとり）

・丸のついた絵から三角のついた絵まで、なるべく長くしりとりでつながるように線を引きましょう。縦と横には進めますが、斜めには進めません。

8 構 成

・左上の四角の中の積み木がお手本です。お手本の積み木を作るには、周りにある積み木のうちどの積み木とどの積み木を組み合わせるとよいですか。2つ選んで○をつけましょう。

9 推理・思考（回転図形）

・左上のお手本の積み木を回したときの絵を、周りにある積み木の中から選んで○をつけましょう。

10 推理・思考（重さ比べ）

・上のお手本のようにシーソーがつり合っているとき、下のシーソーで正しいものに○を、間違っているものに×をつけましょう。

集団テスト

🔷 巧緻性・絵画（課題画）

画用紙とクーピーペンが用意されている。
・好きな色のクーピーペンで点線をなぞりましょう（飛行機、車など）。
・好きな色のクーピーペンで色を塗りましょう（オリンピックのマーク、コスモスなど）。
・乗ってみたい遊園地の乗り物をクーピーペンで描きましょう。

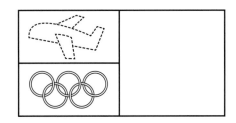

🔷 集団ゲーム（水族館ゲーム）

テスターが水族館にいる生き物の名前を言ったら、その音の数の人数でお友達とグループを作るゲームを行う。（例：「イルカ」と言ったら3人組を作る）

🔖 行動観察・自由遊び

体育館に用意された縄跳び、フープ、ソフト積み木、ジェンガ、ボウリングのピンとボール、ドッジボールなど好きなもので自由に遊ぶ。オニごっこをしてもよいが、遊ぶ場所が決められている。

〈約束〉

・1人で遊ばずにお友達に声をかけて一緒に遊ぶ。

・笛が鳴ったら、遊びをやめてその場でしゃがむ。

・片づけの指示があったらすぐ片づけを始め、笛が鳴るまで続ける。

運動テスト

🔖 連続運動

・平均台を渡る→マットで前転する→クマ歩きをする→鉄棒に5秒間ぶら下がる→ボールを5回つく→ケンケンパーケンケンパーで進む→コーンまでスキップする。終わったら、指示されたところで体操座りをして待つ。

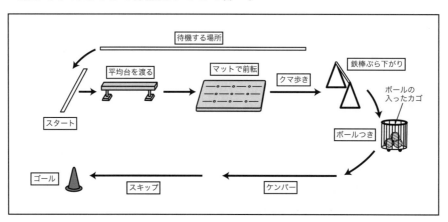

・平均台を渡る→マットで前転する→フープを縄跳びのように回して5回跳ぶ→ボールを5回投げ上げる→ケンパーケンパーで進む→コーンまでぞうきんがけをする。終わったら、指示されたところで体操座りをして待つ。

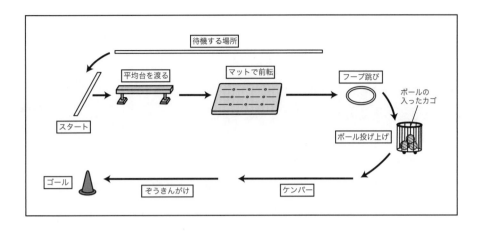

ジャンプ

ジャンプをその場で4回行う。その後、手足を横に広げてジャンプしてそのまま着地し、もう一度ジャンプして今度は手足を閉じて着地するという動きを2回くり返す。

親子面接

本人

・お名前、幼稚園（保育園）名、誕生日を教えてください。
・お家の電話番号と住所を教えてください。
・幼稚園（保育園）の先生の名前と、仲よしのお友達5人の名前を教えてください。
・幼稚園（保育園）では何をして遊びますか。（雨の日、晴れの日、室内、外など）
・幼稚園（保育園）は給食ですか、お弁当ですか。（発展して質問がある）
・好きな食べ物、嫌いな食べ物は何ですか。
・給食に嫌いな食べ物が出てきたらどうしますか。
・幼稚園（保育園）にはどうやって通っていますか。
・お友達とはどのようなことをして遊びますか。
・お父さま（お母さま）とはどのような遊びをしますか。
・どのようなときにほめられますか（しかられますか）。
・きょうだいげんかをしますか。どのようなことでけんかになりますか。
・お家のお手伝いはしていますか。
・何か習い事をしていますか。英語は習っていますか。
・好きな絵本は何ですか。それはどのようなお話ですか。
・この小学校に来たいと思いますか。
・大きくなったら何になりたいですか。

父 親

・志望理由をお話しください。
・本校に期待することは何ですか。
・お子さんの名前の由来を教えてください。
・どのようなお子さんですか。
・通っている幼稚園（保育園）を選んだ理由は何ですか。
・お仕事の内容を教えてください。学校行事には参加できますか。
・ご自宅から本校までの経路と所要時間を教えてください。
・夕食は週に何回ぐらいお子さんと一緒にとれていますか。
・休日はお子さんとどのように過ごしていますか。
・お子さんには将来、どのようになってほしいですか。
・併願校はありますか。どちらの学校ですか。

母 親

・ご家庭での教育方針を教えてください。
・お子さんにはアレルギーや視力が弱いなど、健康面で気をつけることはありますか。
・現在お子さんが通っている幼稚園（保育園）について、感想をお聞かせください。
・どのようなときにお子さんの成長を感じますか。
・子育てで留意している点は何ですか。
・お仕事の内容を教えてください。学校行事には参加できますか。
・幼稚園の送迎は誰がしていますか。
・お子さんに本の読み聞かせをしていますか。それはどのような本ですか。
・お子さんは食べ物の好き嫌いはありますか。どのように料理されていますか。
・ご自宅の最寄り駅はどちらですか。通学時間はどれくらいかかりそうですか。
・受験対策はどのようにされましたか。
・小中高一貫教育についてどう思われますか。

面接資料／アンケート

出願時に面接資料を提出する。以下のような項目がある。

・出願理由を3点、優先順位の高い順に記入。
・家庭での教育で特に留意されている点。
・お子さんの長所と短所。
・本校を知ったきっかけ。
・本校に最も期待すること。
・通学経路、通学時間。

1

2

3

4

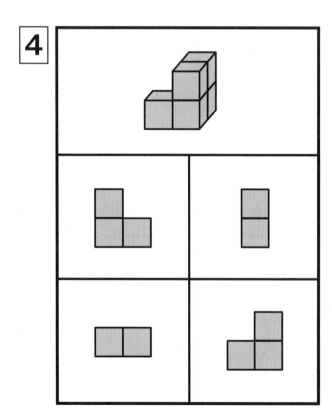 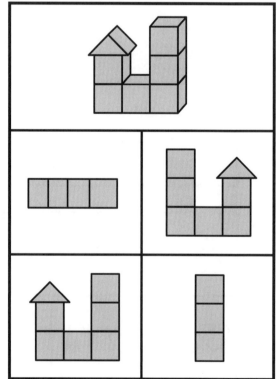

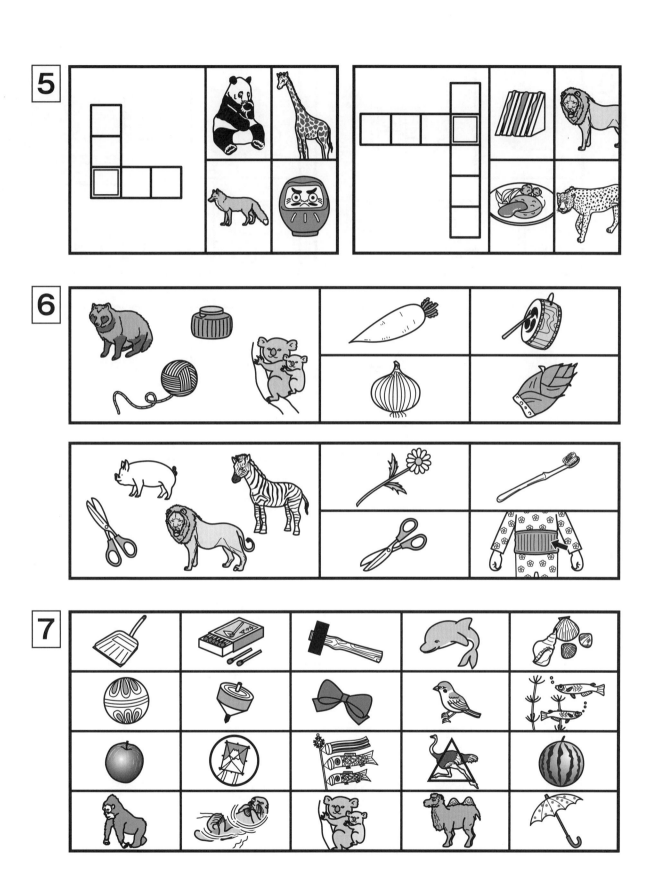

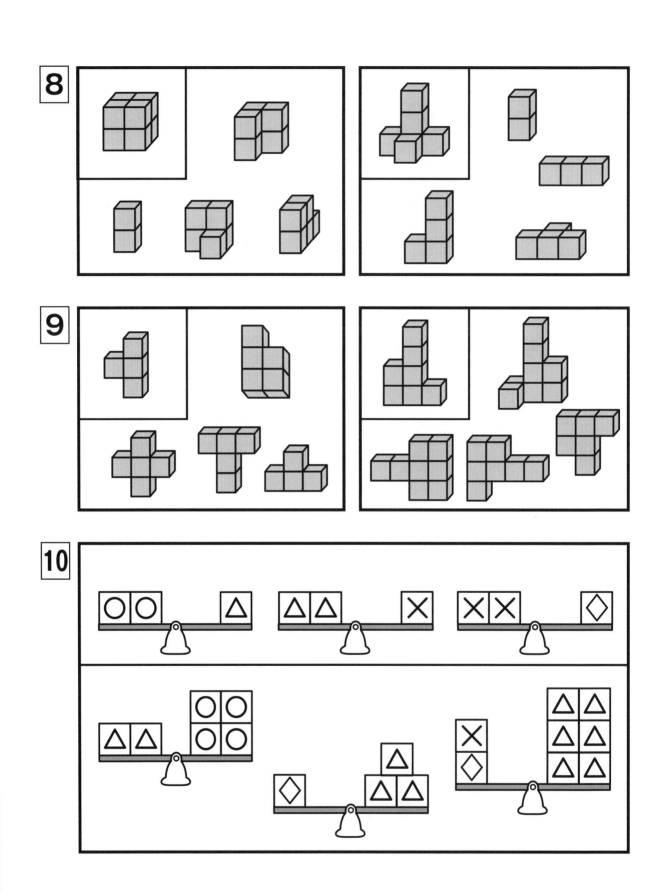

2016 西武学園文理小学校入試問題

section

■ 選抜方法

考査は2日間のうち指定日の1日。年長者から生年月日順に男女混合のグループで、ペーパーテスト、集団テスト、運動テストを行う。所要時間は約2時間30分。考査日前の指定日時に親子面接があり、所要時間は約15分。

┃ ペーパーテスト

筆記用具は赤のフェルトペンを使用し、訂正方法は//（斜め2本線）。出題方法は話の記憶のみテープで、ほかは口頭。

周りの人に話しかけない、隣のプリントをのぞかない、プリントやペンを落としたときやトイレに行きたいときは、黙って手を挙げるよう指示がある。プリントの1枚目に楽器の絵が描いてあり、楽器の名前を言われたらプリントをめくる。

1 話の記憶

「ドングリ幼稚園のリスさん、クマさん、サルさん、キツネさん、ネコさんの5匹の仲よしたちが公園へ遠足に行くことになりました。みんなはリュックサックにお弁当とおやつをいっぱい詰めて、歩いて出発です。5匹が行った公園には真ん中に大きな噴水があり、その右側には大きな木が2本立っていました。左側の奥には山の形をしたトンネルが見えました。みんなは公園に着くとさっそく遊ぶことにしました。リスさんが『オニごっこだったらみんなで遊べるよ』と言ったので、みんなでオニごっこをすることにしました。5匹でジャンケンをしたのでなかなか決まりませんでしたが、サルさんが初めのオニになりました。その後はクマさん、リスさん、キツネさん、ネコさんの順にオニになりました。ネコさんが『そろそろ違う遊びにしようよ。縄跳びをしよう』と言ったので、今度はみんなで縄跳びをしました。いっぱい遊んでおなかがすいたので、噴水の前でお弁当とおやつを食べてお家に帰ることにしました。帰り道の途中できれいなチューリップを見つけました。全部で7本咲いていて、黄色いチューリップが1本と赤いチューリップが3本、あとは全部白いチューリップでした。5匹は『またいっぱい遊ぼうね』とお約束をしてお家に帰りました」

・動物たちが遠足に行った公園には噴水がありました。噴水の右側と左側にはそれぞれ何が見えましたか。その様子を描きましょう。
・オニごっこをしようと言ったのはどの動物でしたか。○をつけましょう。
・オニごっこで最初にオニになった動物に○をつけましょう。
・縄跳びをしようと言った動物に○をつけましょう。

2024
2023
2022
2021
2020
2019
2018
2017
2016
2015

・動物たちは帰りにチューリップを見つけました。白いチューリップは何本ありましたか。チューリップの絵の横に、その数だけ○をかきましょう。

2 **数量（対応）**

・一番上の四角を見てください。バケツ1杯にはペットボトル2本分の水、ペットボトル1本にはコップ2杯分の水が入るお約束です。では、それぞれの段で水の量が一番多いものを探して○をつけましょう。

3 **言　語**

・上の四角がお手本です。左側の四角に縦に並んだ4つのマス目があります。そこには4つの音の名前が入ります。横に並んだ3つのマス目には3つの音の名前が入ります。ただし、二重四角のところには同じ音が入ります。右側の四角の中から選ぶと縦には「すかーと」、横には「とけい」が入ります。そうすると「でんしゃ」は使いませんね。このように右側の四角の中で使わないものを見つけて○をつけます。下の2つの段も同じように、縦と横のマス目に右側の四角の中のどれが入るか考え、使わないものを選んで○をつけましょう。

4 **推理・思考（ルーレット）**

外側の大きな丸には食べ物が、内側の小さな丸には動物が描かれているルーレットがある。どちらの絵も矢印の方向に動く。

・外側の食べ物が矢印の方向に2回動いたとき、内側のイヌのところにはどの食べ物が来ますか。右上の四角から選んで○をつけましょう。

・食べ物が1回、内側の動物が5回動くとサルのところにはどの食べ物が来ますか。右上の四角から選んで△をつけましょう。

・食べ物が3回、内側の動物が4回動いたとき、ケーキはどの動物のところにありますか。右下の四角から選んで×をつけましょう。

5 **常識（道徳）**

・図書館の中でしてはいけないことをしている子どもに×をつけましょう。

6 **言　語**

・左上の二重丸から名前のどこかに「サ」の音が入っているものを全部通って、右下の三角まで進む線を引きましょう。ただし縦と横には進めますが、斜めに進むことはできません。また、同じところを何度も通ってはいけません。

7 **巧緻性**

クーピーペンが何色か用意されている。

・カボチャの点線を赤のクーピーペンでなぞりましょう。

・チューリップをきれいな色で塗りましょう。

集団テスト

📖 絵画（課題画）

画用紙とクーピーペン（12色）が用意されている。

・お母さんにほめられたときの絵を描きましょう。

・今どのようなことを頑張ってみたいか、絵に描きましょう。

📖 集団ゲーム

体育館で行う。

・フープリレー…2チームに分かれて2人1組でフープの中に入り、コーンを回って戻る。戻ったらフープを床に置き次のお友達に両手でタッチし、列の一番後ろについて体操座りをする。早く全員がゴールしたチームが勝ちとなる。

・友達づくりゲーム…輪になって歩く。テスターがタンバリンをたたいた数と同じ人数のお友達でグループを作り、手をつないで体操座りをする。または同じ果物が好きなお友達を見つけ、手をつないでいく。

・積み木運びリレー…2チームに分かれて行う。直方体のソフト積み木を2人で一緒に持ち、走って運ぶ。コーンを回って戻ったら、ソフト積み木を床に置き次のお友達にタッチする。早く全員がゴールしたチームが勝ちとなる。

📖 行動観察・自由遊び

体育館に用意された長縄、フープ、ソフト積み木、ソフトバレーボールなど好きなもので自由に遊ぶ。オニごっこをしてもよいが、遊ぶ場所が決められている。

〈約束〉

・1人で遊ばずにお友達に声をかけて一緒に遊ぶ。

・笛が鳴ったら、遊びをやめてその場でしゃがむ。

・片づけの指示があったらすぐ片づけを始め、笛が鳴るまで続ける。

運動テスト

🔖 ジャンプ

ジャンプをその場で４回行う。その後、跳んだときに手足を横に広げて閉じるジャンプを２回くり返す。

🔖 連続運動

平均台を渡る→マットで前転する→クマ歩きをする→ウサギ跳びをする（両手をついて跳びながら進む）→ケンパーケンパーケンケンパーで進む→ボールをカゴに投げ入れる→コーンまでスキップする。終わったら、指示されたところで体操座りをして待つ。

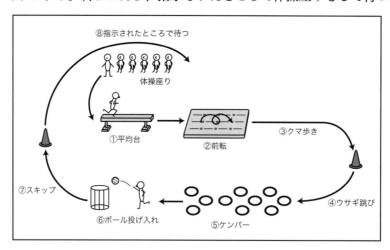

親 子 面 接

本 人

・お名前、幼稚園（保育園）名を教えてください。
・お家の電話番号と住所を教えてください。
・誕生日はいつですか。
・幼稚園（保育園）の先生の名前と、仲よしのお友達５人の名前を教えてください。
・幼稚園（保育園）では何をして遊びますか。
・幼稚園（保育園）は給食ですか。お弁当ですか。
・幼稚園（保育園）にはどうやって通っていますか。
・お弁当は誰が作りますか。
・外で遊ぶときは、何をして遊びますか。
・好きな食べ物、嫌いな食べ物は何ですか。
・給食に嫌いな食べ物が出てきたらどうしますか。
・きょうだいげんかをしますか。どのようなことでけんかになりますか。

・大きくなったら何になりたいですか。
・お父さまやお母さまに、どのようなときにほめられますか。
・何か習い事をしていますか。
・好きな絵本は何ですか。それはどのようなお話ですか。
・この小学校に来たいと思いますか。
・お家のお手伝いはしていますか。

父　親

・志望理由をお話しください。小中高一貫教育についてどう思われますか。
・お仕事の内容を教えてください。学校行事には参加できますか。
・ご自宅から本校までの経路と所要時間を教えてください。
・お子さんが通っている幼稚園（保育園）を選んだ理由は何ですか。
・夕食は週に何回ぐらいお子さんと一緒にとれていますか。
・休日はお子さんとどのように過ごしていますか。
・お子さんには将来、どのようになってほしいですか。
・併願校はありますか。どちらの学校ですか。

母　親

・お子さんにはアレルギーや視力が弱いなど、健康面で配慮すべきことはありますか。
・現在お子さんが通っている幼稚園（保育園）について、感想をお聞かせください。
・どのようなときにお子さんの成長を感じますか。
・お子さんの特徴をお話しください。
・お仕事の内容を教えてください。学校行事には参加できますか。
・お子さんに絵本の読み聞かせをしていますか。それはどのような本ですか。
・お子さんは食べ物の好き嫌いはありますか。
・ご自宅の最寄り駅はどちらですか。
・受験対策はどのようにされましたか。

面接資料／アンケート

出願時に面接資料を提出する。以下のような項目がある。

・出願理由を3点、優先順位の高い順に記入。
・家庭での教育で特に留意されている点。
・志願者であるお子さんの成長の中で最も印象に残ること。
・お子さんの長所と短所。

1

2

3

す		
か		
ー		
と	け	い

4

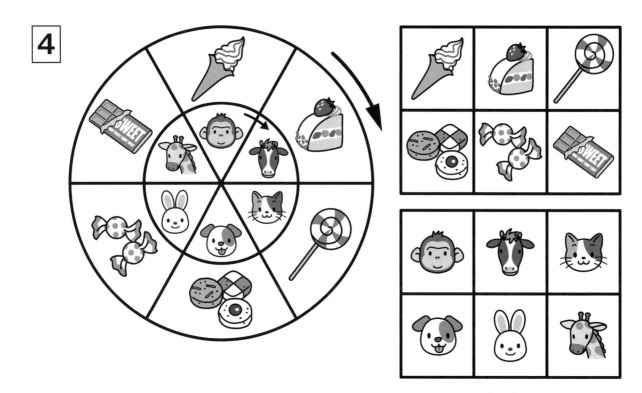

5

6

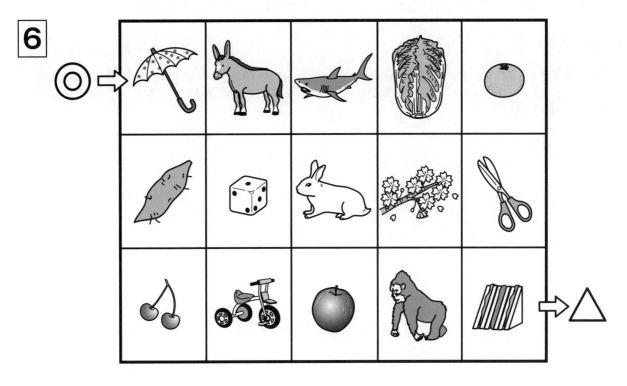

7

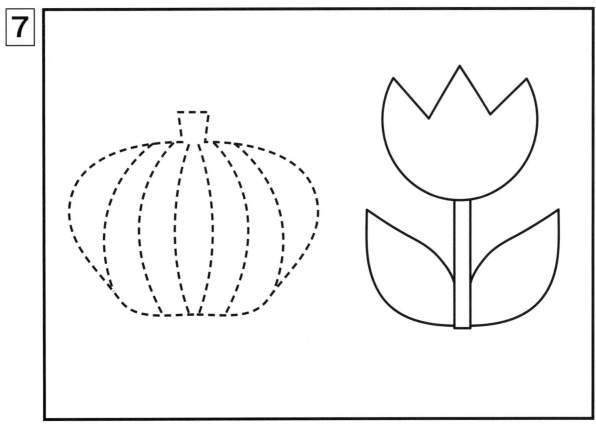

2015　西武学園文理小学校入試問題

■ 選抜方法

考査は2日間のうち指定日の1日。年長者から生年月日順に男女混合のグループで、ペーパーテスト、集団テスト、運動テストを行う。所要時間は約2時間30分。考査日前の指定日時に親子面接があり、所要時間は約15分。

┃ ペーパーテスト ┃ 筆記用具は赤のフェルトペンを使用し、訂正方法は //（斜め2本線）。出題方法は話の記憶のみテープで、ほかは口頭。

内容は考査日によって異なる。

1 話の記憶

「たろう君とじろう君とじろう君のお母さんの3人でバスに乗って動物園に行きました。バスに乗るととても混んでいたので座れませんでした。けれど、3つ目のバス停で人がたくさん降り、動物園のバス停まであと3つあったので座ることができました。動物園にはいたずら好きのゾウがいて、たろう君とじろう君に水をかけてきました。たろう君は笑っていましたが、じろう君は泣いてしまいました。その先に行くとライオンやチーター、コアラやクマの赤ちゃんがいる場所があって、3人で中を見ていると飼育員さんが鍵を開けてくれて、中で赤ちゃんを触ることができました。じろう君がコアラの赤ちゃんを抱っこするとコアラに爪で引っかかれてしまいました。けれど、じろう君はコアラが大好きなので、今度は泣かないで『いい子、いい子』と、コアラをなでることができて楽しそうでした」

・一番上の段です。3人は何の乗り物に乗って動物園に行きましたか。○をつけましょう。
・2段目です。3人はいくつ目のバス停で降りましたか。その数だけ星に○をつけましょう。
・3段目です。たろう君とじろう君はどの動物に水をかけられましたか。○をつけましょう。
・4段目です。じろう君はどの動物の赤ちゃんに引っかかれましたか。○をつけましょう。

2 言語・常識

・左側の四角の絵の最初の音を左から順につなげ、できた言葉と仲よしのものを、右側の四角から選んで○をつけましょう。

3 数 量

・牧場の絵があります。絵の中のものを数えて、下の段のそれぞれの絵の横にその数だけ
〇をかきましょう。

4 推理・思考

・動物が並んでいる順番（先頭のネコから）に観覧車に乗ります。星がついているゴンド
ラには乗ることができません。矢印の方向に観覧車が回るとき、ネコはどの果物が描か
れたゴンドラに乗りますか。上の四角の果物に〇をつけましょう。

・では、キリンが乗るゴンドラはどれですか。同じ四角の果物に×をつけましょう。

・動物が並んでいる順番（先頭のネコから）に観覧車に乗ります。今度は、どのゴンドラ
にも乗ることができます。ネコが一番下のメロンのゴンドラから順番に乗るとき、バナ
ナのゴンドラに乗るのはどの動物ですか。下の四角の動物に〇をつけましょう。

・では、サクランボのゴンドラに乗るのはどの動物ですか。同じ四角の動物に×をつけま
しょう。

5 推理・思考（ルーレット）・数量

外側と内側の絵がどちらも同じ方向（矢印の方向）に動くルーレットがある。

・外側が3回、内側が2回動いたとき、太陽の内側に来る絵はどれですか。上の四角の絵
に〇をつけましょう。

・外側が3回、内側が1回動いたとき、フォークと、フォークの内側に来るものの数はい
くつ違いますか。その数だけ真ん中の四角に〇をかきましょう。

・外側が2回、内側が4回動いたとき、フライパンと、フライパンの内側に来るものの数
を合わせると全部でいくつになりますか。その数だけ下の四角に〇をかきましょう。

6 話の理解

「これから動物たちがゴーカートに乗ります。リスさんは6番のゴーカートに乗りました。
サルさんは7番、キツネさんは3番、クマさんは4番のゴーカートに乗りました。5番の
ゴーカートに乗ったのはネコさんです」

・どの動物がどのゴーカートに乗りましたか。点と点を線で結びましょう。

7 巧緻性

クーピーペンが何色か用意されている。

・左の帽子の点線を赤のクーピーペンでなぞりましょう。

・右の帽子を自分の好きな色のクーピーペンで自由に塗りましょう。

集団テスト

絵画（課題画）

画用紙とクーピーペン（12色）が用意されている。
・好きな食べ物を食べている自分の絵をクーピーペンで描きましょう。

集団ゲーム

体育館で行う。
・友達づくりゲーム…曲に合わせて輪になって歩く。タンバリンが鳴ったら、タンバリン
の音の数の人数でグループを作り、手をつないで体操座りをする。
・ジャンケン電車ゲーム…曲に合わせて自由に歩き、曲が鳴り終わったら近くのお友達と
ジャンケンをして、負けた人が勝った人の後ろから肩に手を置
いてつながっていく。これをくり返す。

行動観察・自由遊び

体育館に用意された縄跳び、フープ、粘土、大きいソフト積み木、バスケットボールなど
好きなもので自由に遊ぶ。1人で遊ばずにお友達に声をかけて一緒に遊び、笛が鳴ったら
遊びをやめる。

運動テスト

リレー

2人1組で手をつないでかけっこをし、コーンを回って戻ってくる。それぞれが次のお友
達に両手でタッチして列の一番後ろについて体操座りをする。これをくり返し、早く全員
がゴールしたチームが勝ちとなる。

ジャンプ

ジャンプ4回と、跳んだときに手足を横に広げるジャンプ2回を、「やめ」と言われるま
でくり返す。

連続運動

手を下ろしたままの姿勢で平均台を渡って飛び降りる→階段を3段上ってマットの上に飛

び降りる→マットで前転をする→ケンパーケンパーケンケンパーを床の上のフープに合わせて行う→カゴからボールを取って、その場で5回ボールをつき、ボールをカゴに戻す→コーンの間をジグザグにゴールまで走る。指示されたところで体操座りをして待つ。

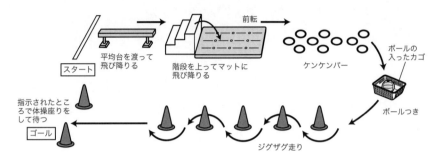

親 子 面 接

本 人

・お名前、幼稚園（保育園）名を教えてください。

・住所、誕生日を教えてください。

・仲のよいお友達の名前を教えてください。

・外で遊ぶときは何をして遊びますか。

・食べ物の好き嫌いはありますか。

・嫌いな食べ物が出てきたらどうしますか。

・きょうだいげんかをしますか。どんなことでけんかになりますか。

・将来なりたいものは何ですか。

・どんなときにしかられますか。

・幼稚園（保育園）は給食ですか。お弁当ですか。

・幼稚園（保育園）では何をして遊びますか。

・習い事は何をしていますか。

・お家で読んでもらった本で一番好きな本は何ですか。

・朝早く小学校に来られますか。

・ひらがなを読めますか。

・お父さまとお母さまではどちらが怖いですか。

父 親

・本校に出願した理由をお話しください。

・お仕事の内容について教えてください。

・現在通わせている幼稚園（保育園）を選んだ理由をお聞かせください。

・週に何回くらいお子さんと夕食をとれていますか。

・一言で言うとお父さまから見てどのようなお子さんですか。

・休日はお子さんとどのように過ごしていますか。

・お子さんに将来、どのようになってほしいですか。

母　親

・お子さんにはアレルギーや視力が弱いなど、健康面で気をつけることはありますか。

・現在の幼稚園（保育園）に通わせてみての感想をお聞かせください。

・子育てで留意している点は何ですか。

・（働いている場合）お仕事の内容について教えてください。

・本の読み聞かせをしていますか。

・お子さんに食べ物の好き嫌いはありますか。

・併願校はありますか。どちらの学校ですか。

・通学時間と最寄り駅を教えてください。

・お子さんは何か習い事をしていますか。

・受験対策はどのようにされましたか。

・本校では、大学受験は有名校受験を主眼としていますが、どう思われますか。

面接資料／アンケート　出願時に面接資料を提出する。以下のような項目がある。

・出願理由を３点、優先順位の高い順に記入。

・家庭での教育で特に留意されている点。

・志願者であるお子さんの成長の中で最も印象に残ること。

・お子さんの長所と短所。

1

2

3

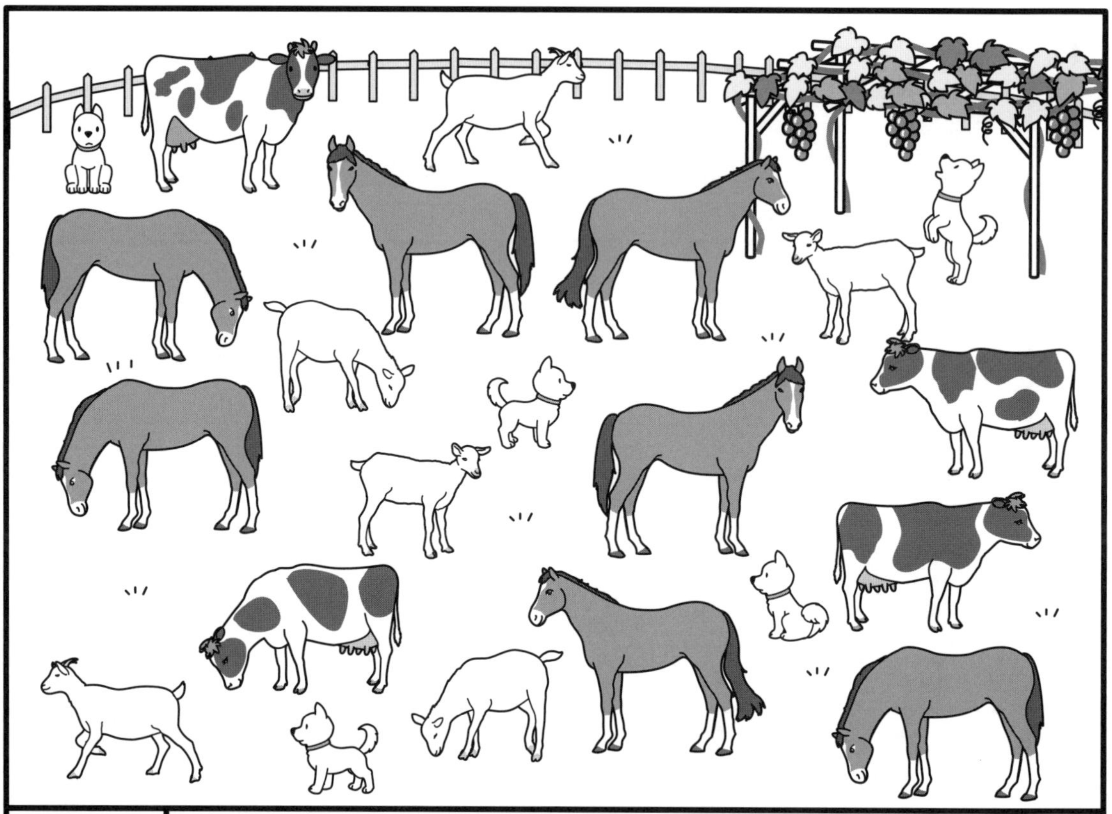

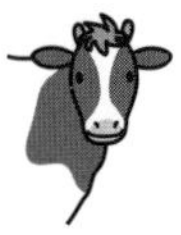	
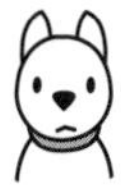	
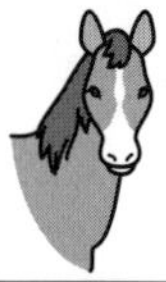	
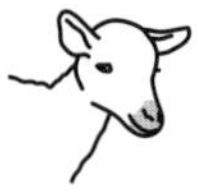	
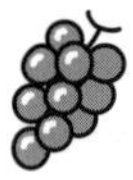	

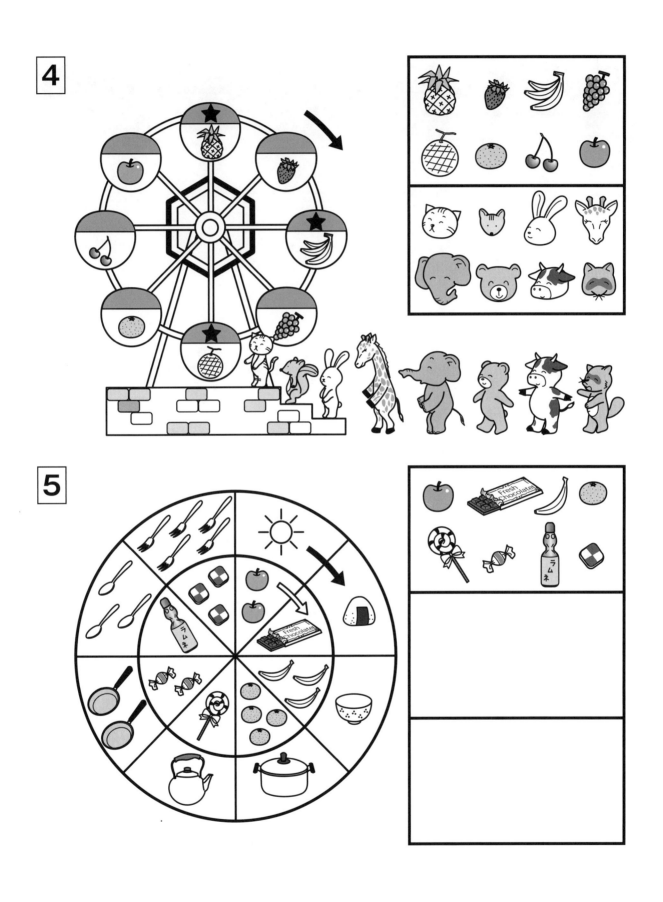

4

5

6

7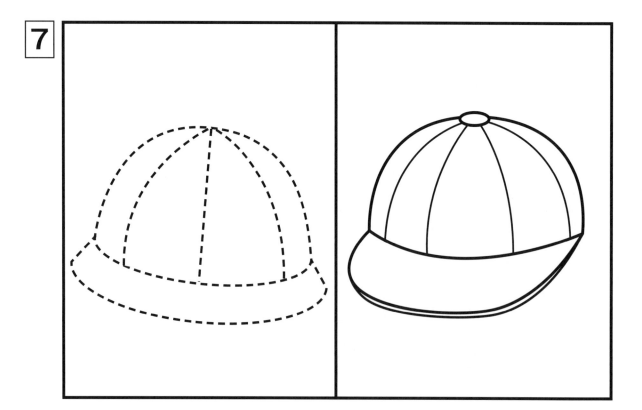

西武学園文理小学校
入試シミュレーション

西武学園文理小学校入試シミュレーション

1 話の記憶・数量

「リス君、クマさん、タヌキ君の仲よしの３匹はスズラン幼稚園に通っています。３匹は幼稚園のそばの公園にドングリを拾いに行きました。リス君はドングリを１個、クマさんは３個、タヌキ君は５個拾いました。タヌキ君はリス君がドングリを１個しか拾えなかったので、『みんなが拾ったドングリを集めて仲よく分けようよ』と言いました。クマさんもニコニコしながら拾ったドングリをタヌキ君に渡しました。リス君も恥ずかしそうにタヌキ君に渡しました。集めたドングリをタヌキ君が分けると、リス君がみんなに向かって、『ありがとう』と言ってうれしそうにドングリを手に持ちました。その後、持ってきたお弁当を食べました。みんなで食べたお弁当はとてもおいしかったです」

- １段目です。３匹の通う幼稚園の名前と同じ花はどれですか。選んで○をつけましょう。
- ２段目です。３匹が拾ったドングリの数は合わせるといくつになりますか。その数だけ、○をかきましょう。
- ３段目です。ドングリを仲よく分けると、１匹は何個ずつになりますか。その数だけ、○をかきましょう。
- 一番下の段です。このお話の季節はいつですか。合う絵に○をつけましょう。

2 言語（しりとり）

- 左上の二重丸のウシから右下の二重丸のギターまで、なるべく長くしりとりでつながるように線を引きましょう。絵の描いてある丸の中には線が通らないように引きましょう。

3 言 語

- 「ラッパ」のように詰まった音が入っているものに○、「ン」の音が２つだけ入っているものに△をつけましょう。

4 常 識

- 上の段です。左の動物のしっぽを右から見つけて、点と点を線で結びましょう。
- 下の段です。上の花の茎や葉っぱを下から見つけて、点と点を線で結びましょう。

5 数 量

- 動物たちはそれぞれ絵の数だけ、クリやリンゴ、バナナを持っています。そして、２匹１組でジャンケンを３回します。パーで勝つと３個、チョキで勝つと２個、グーで勝つと１個の果物を相手からもらえます。あいこのときは果物のやりとりはありません。動

物たちが真ん中の四角のようにジャンケンをすると、最後には何個の果物を持っていますか。その数だけ、それぞれの動物の下の長四角に○をかきましょう。

6 推理・思考（重さ比べ）

・上のお手本のように、リンゴ2個とメロン1個、カキ2個とリンゴ3個でシーソーがつり合います。左の四角に描かれたシーソーの二重四角には、右の四角の左上に描かれた果物がいくつあればシーソーの様子に合いますか。その数だけ、右の四角に○をかきましょう。

7 推理・思考（ルーレット）

・サイコロの目の数だけ、内側の小さいルーレットは右に、外側の大きいルーレットは左に回ります。回って止まったときに内側と外側に同じ絵が並ぶことがありますが、それはどれですか。それぞれの右側から選んで○をつけましょう。

8 推理・思考

・左の絵のようにサイコロを転がして黒い四角で止まったとき、サイコロの上の面はどの目になりますか。右から探して、点と点を線で結びましょう。

9 構　成

・左のマス目をすべて黒くするには、どのような形が入ればよいですか。右の四角から選んで○をつけましょう。形は回してもよいですが、裏返してはいけません。黒い部分が重なってもいけません。

10 構　成

・左の形を作るには、右のどの形を使いますか。使う形全部に○をつけましょう。

11 言　語

・左の四角のものの初めの音を並べ替えます。右の中からできる言葉を探して○をつけましょう。

12 常識・置換

・上のマス目の中にはいろいろな野菜や果物が描かれています。土の中にできるものには○、木になるものには△、土の上になるものには□の印を、下のマス目の同じ場所にかきましょう。

13 数量（対応）

・葉っぱ2枚でドングリ1個、ドングリ2個でクリ1個と交換できます。では、下の四角の中でクリ2個とちょうど交換できるものはどれですか。探して○をつけましょう。

14 数　量

・トランプが並んでいます。それぞれの縦の列も横の列も、トランプのマークの数を合わせると上の四角の中は6、下の四角の中は9になります。では、空いているトランプのマークの数はいくつですか。その数だけ、トランプに○をかきましょう。

15 観察力（同図形発見）

・左上のお手本と同じケーキに○、右上のお手本と同じプリンに△を、四角の中から探してそれぞれの印をつけましょう。

16 観察力

・上の四角の中にある形と同じ形を下のマス目の中から探して、左上のように線で囲みましょう。

17 推理・思考（条件迷路）

・サイコロの目が描かれています。左上の矢印の目から始めて、縦か横を通って右下の矢印まで進みます。進み方はまず左上の⚄より1つ多い目に進み、次は止まった目の数より2つ少ない目に進み、また1つ多い、2つ少ないという順番に進んでいきます。同じところを2回通ってはいけません。通ったところに線を引いていきましょう。

18 観察力

・左の四角の中に、いくつかの形が重なっています。上から2番目の形に○、一番下の形に△を、右の四角の中につけましょう。

19 推理・思考

・左のお手本のロープの長さと同じ長さで違う形のものを、空いているマス目を使ってそれぞれ3つずつかきましょう。

20 推理・思考・言語（同尾語）

・左の四角に絵の描かれた積み木が積まれています。名前の終わりの音がほかの絵とは違う積み木を取ると、どのような形になりますか。それぞれの右の四角から探して○をつけましょう。

1

2

3

4

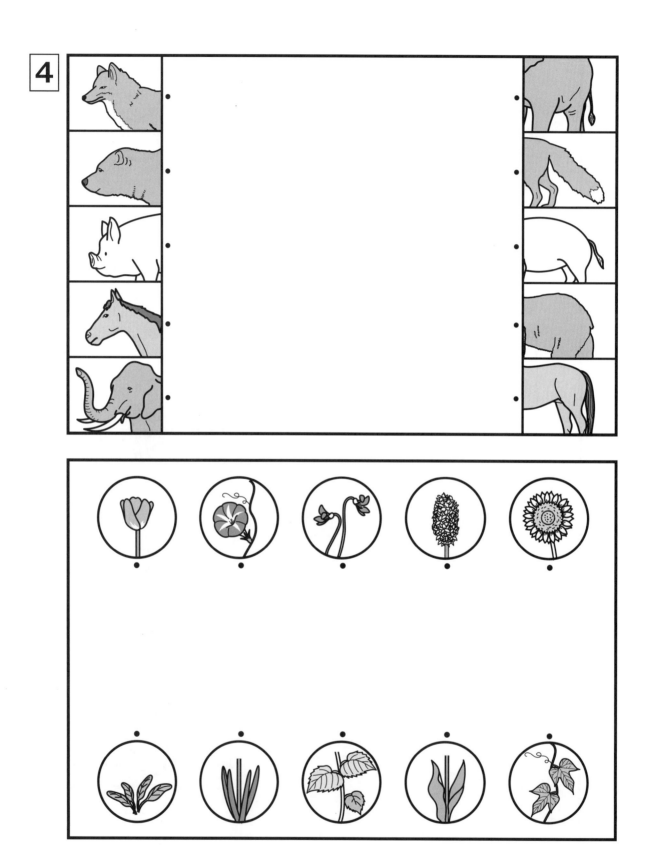

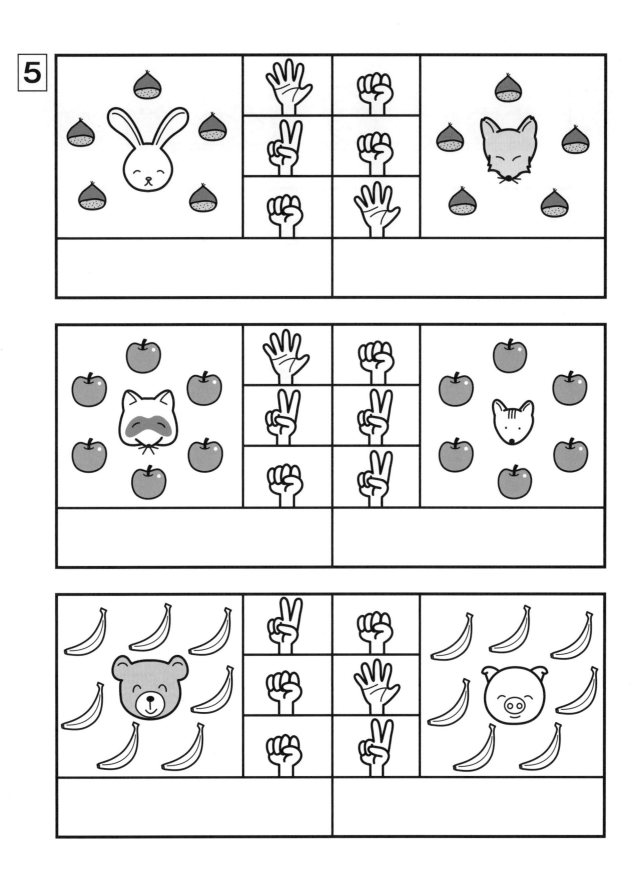

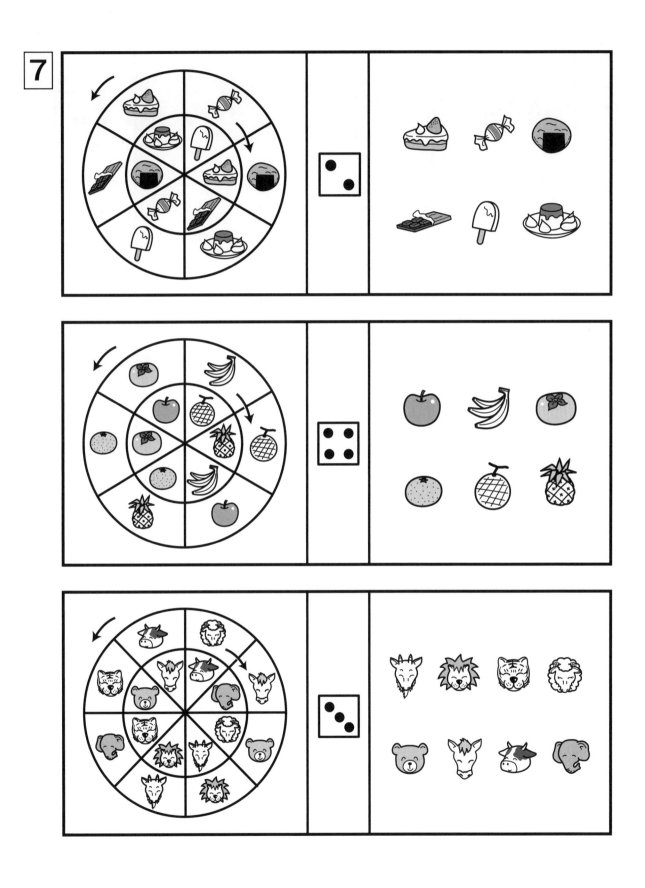

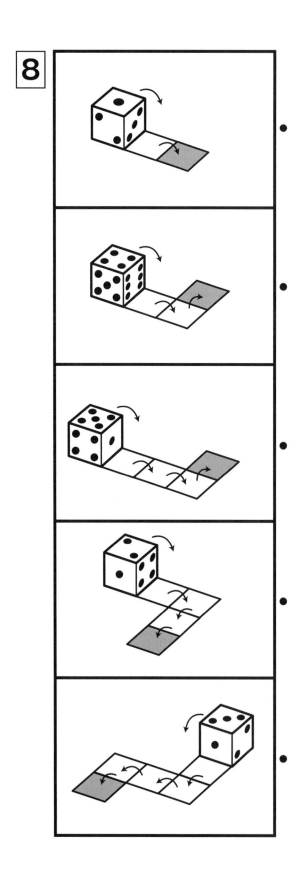

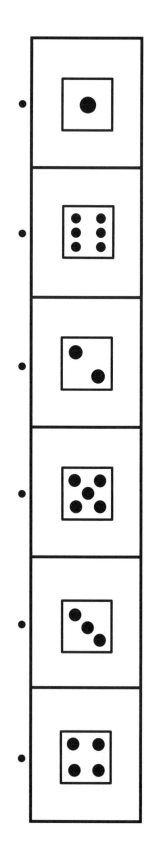

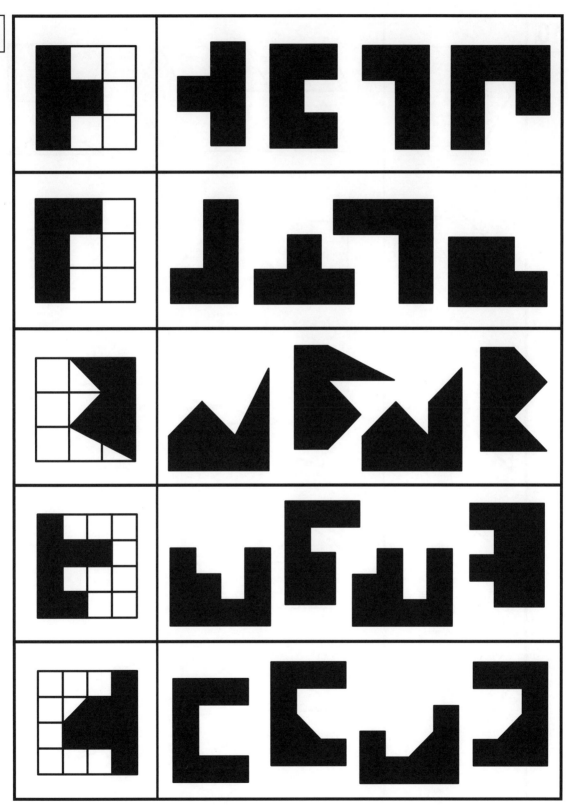

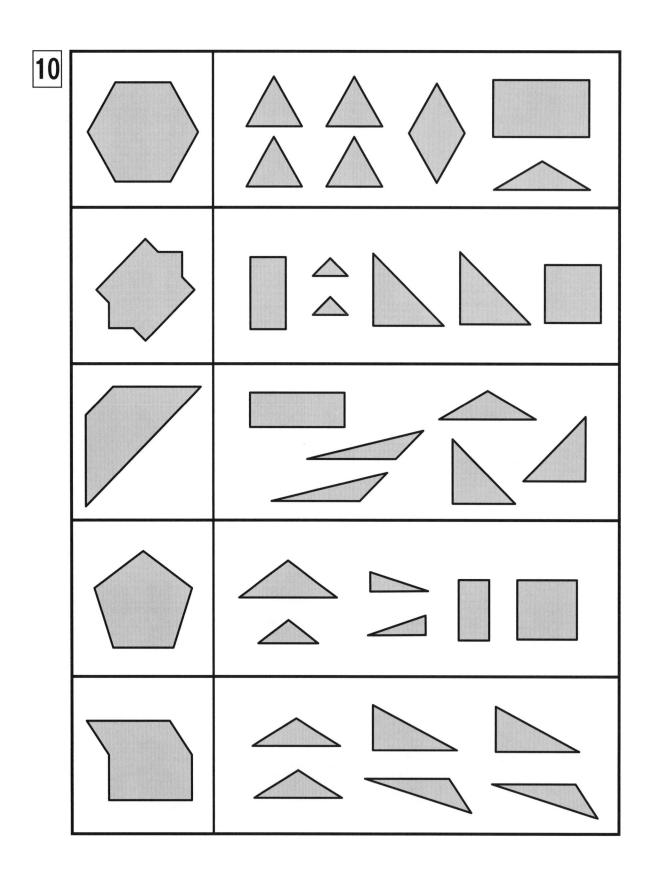

11

12

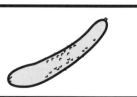		

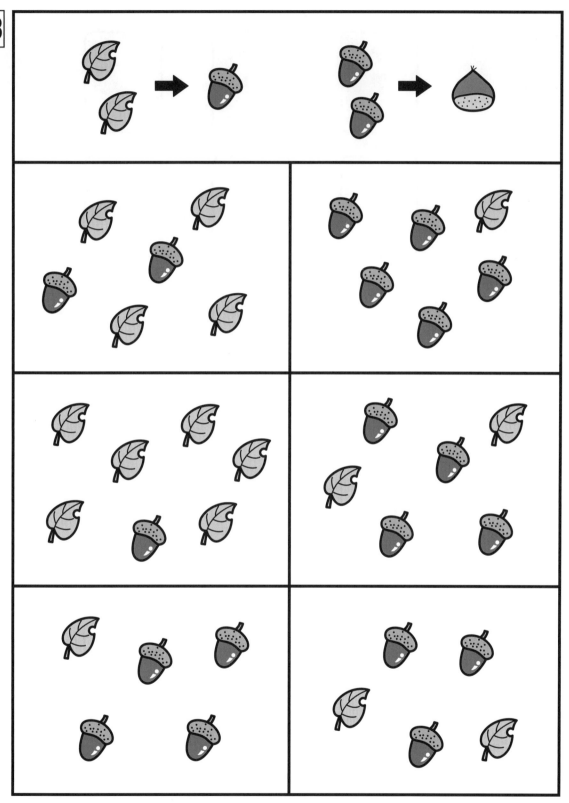

14

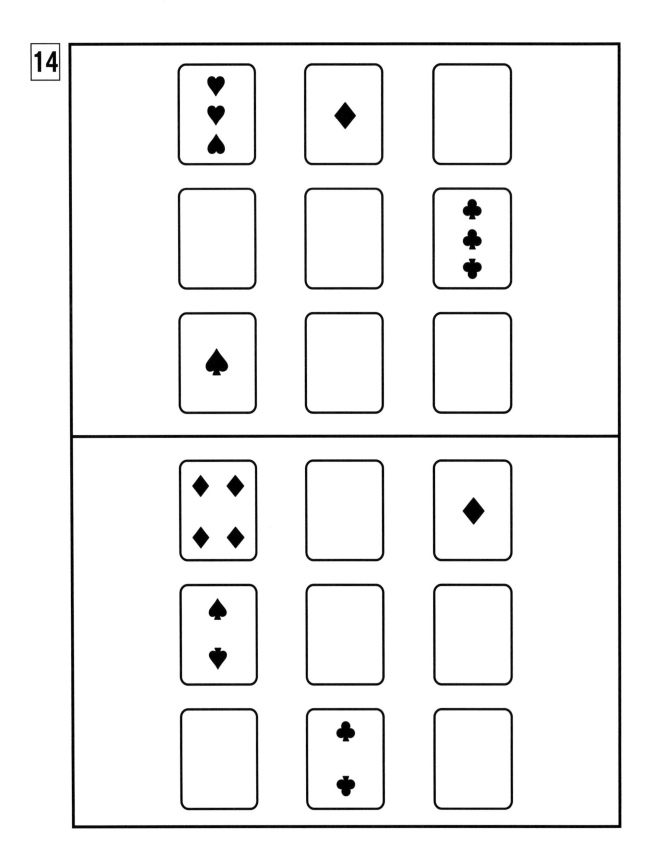

15

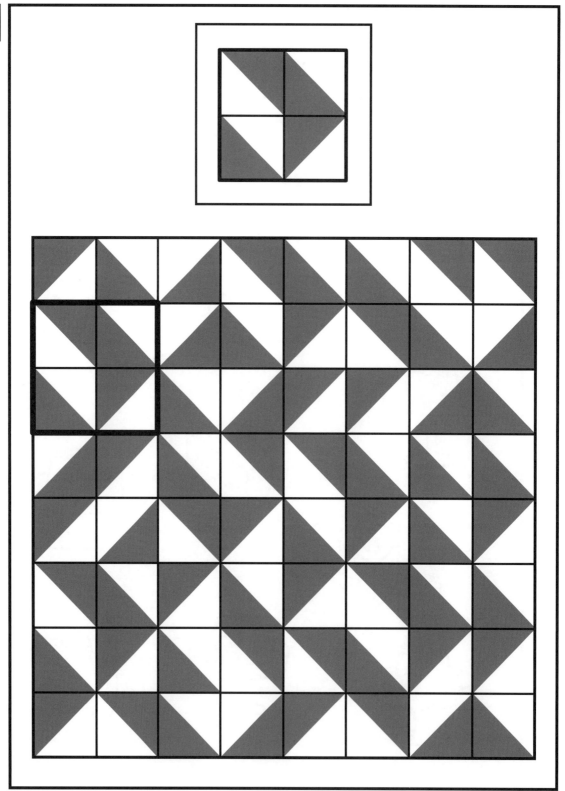

17

18

19

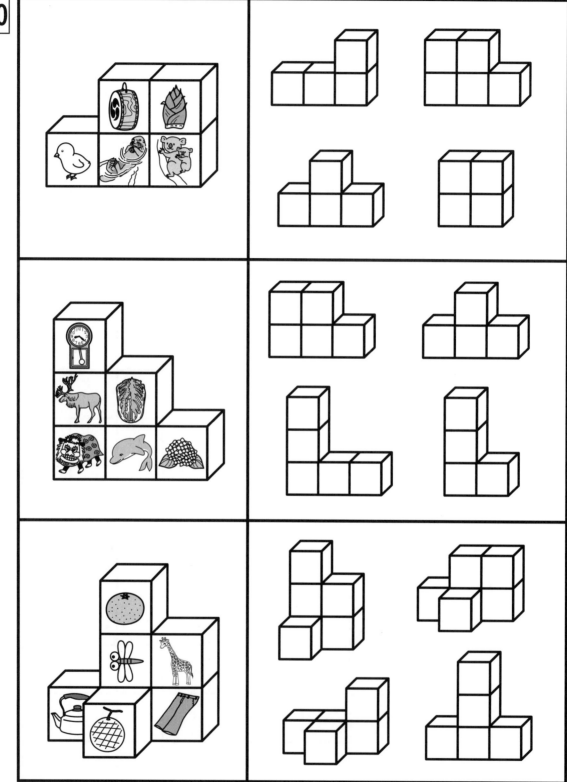

西武学園文理小学校 入試問題集

解答例

＊ **解答例の注意**

この解答例集では、ペーパーテスト、集団テストの中にある□数字がついた問題、入試シミュレーション
の解答例を掲載しています。それ以外の問題の解答はすべて省略していますので、それぞれのご家庭でお
考えください。

入試シミュレーションの
解答例もあります！

Shinga-kai

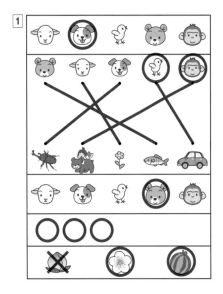

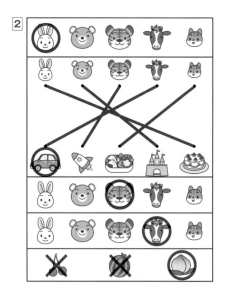

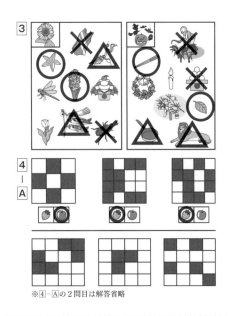

※4-Aの2問目は解答省略

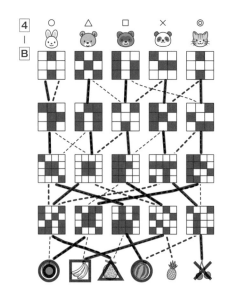

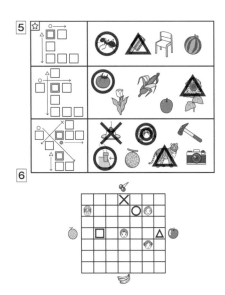

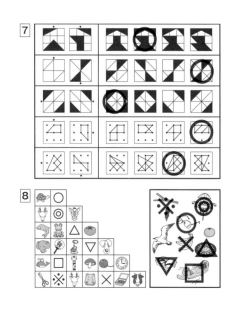

9
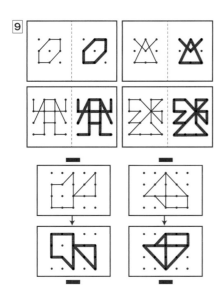

10
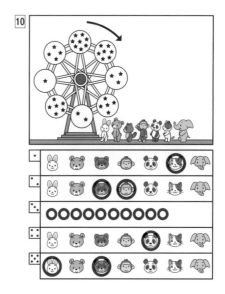

11
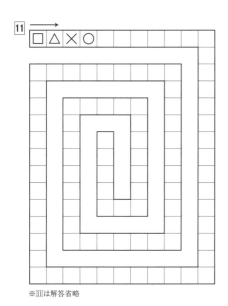

※11は解答省略

1
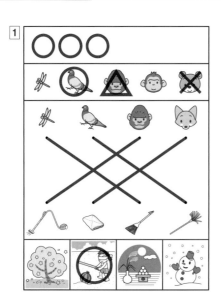

2

3

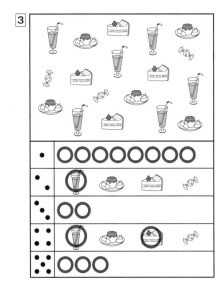

4

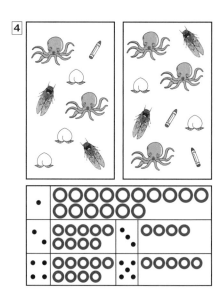

5

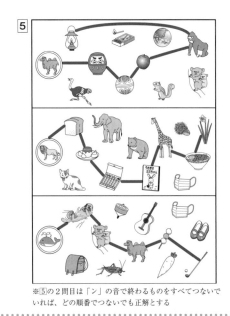

※5の2問目は「ン」の音で終わるものをすべてつないで
いれば、どの順番でつないでも正解とする

6

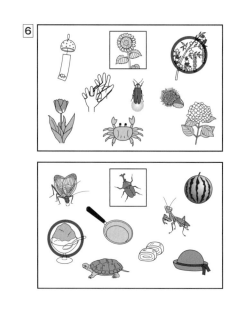

7

8

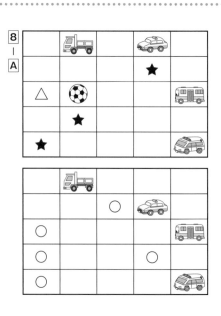

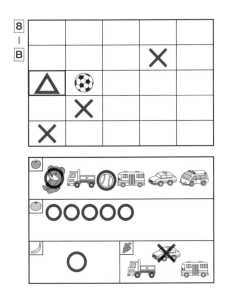

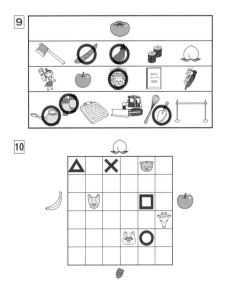

※11はつなぐ印と数が合っていれば正解とする

2022 解答例

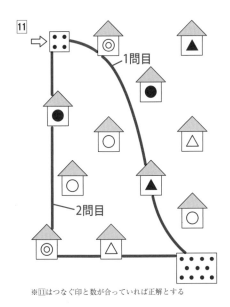

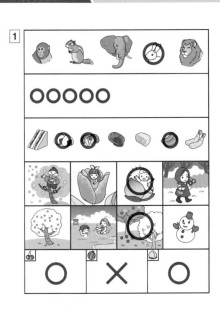

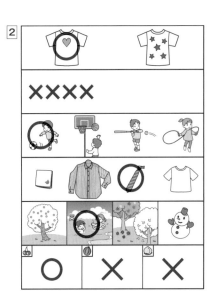

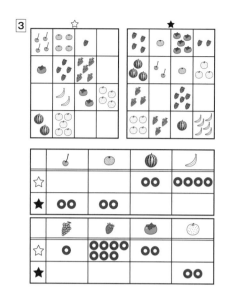

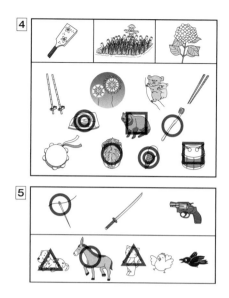

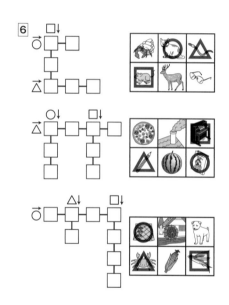

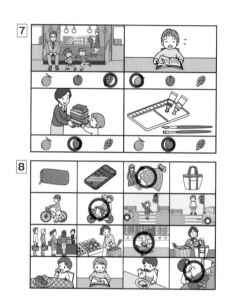

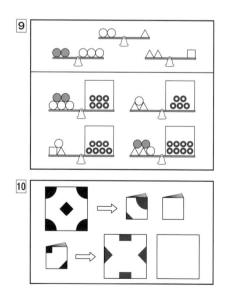

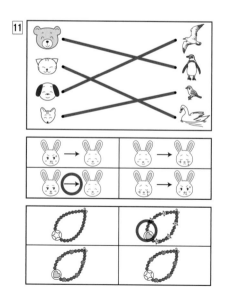

12

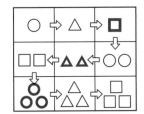

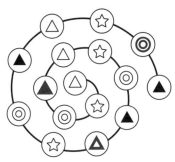

13 － A

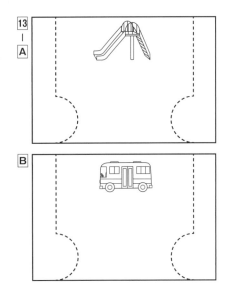

B

1

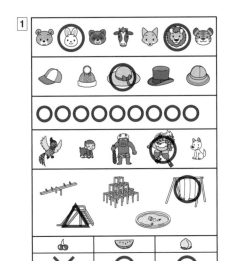

2

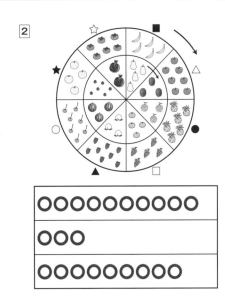

3

4

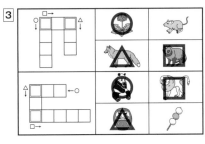

5

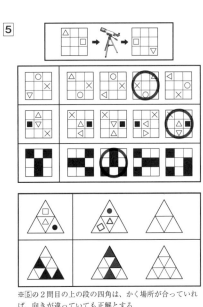

※⑤の２問目の上の段の四角は、かく場所が合っていれば、向きが違っていても正解とする

6

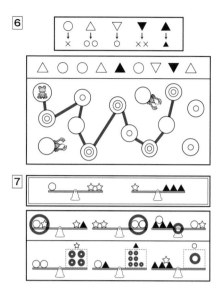

7

8

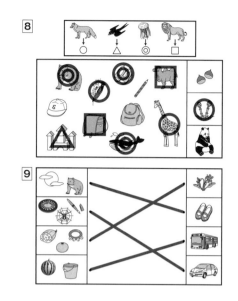

9

10

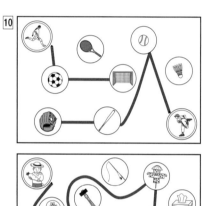

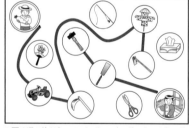

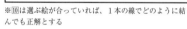

※10は選ぶ絵が合っていれば、1本の線でどのように結んでも正解とする

11

※11の3問目は解答省略

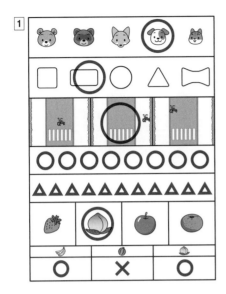

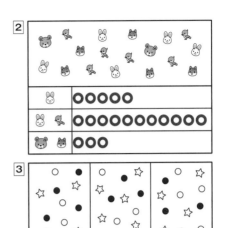

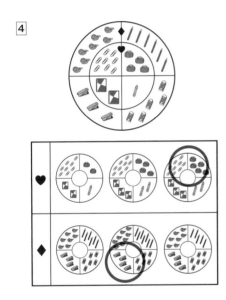

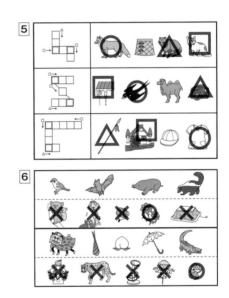

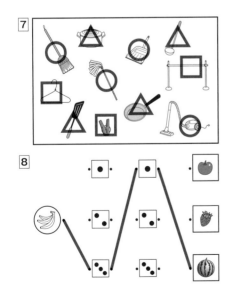

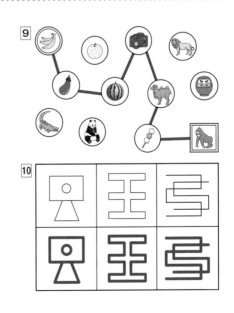

11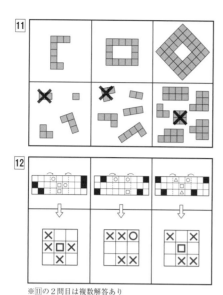

12

13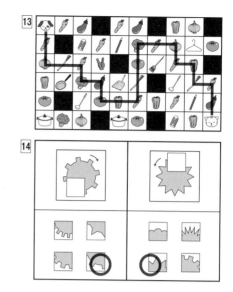

14

※⑪の2問目は複数解答あり

15

※⑮の2問目は解答省略

1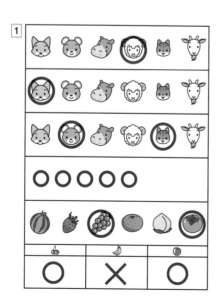

2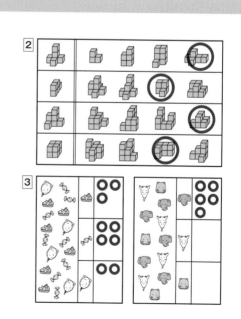

3

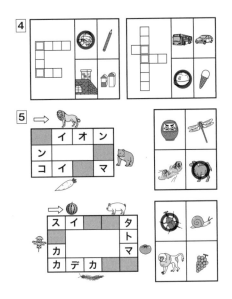

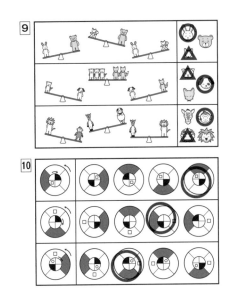

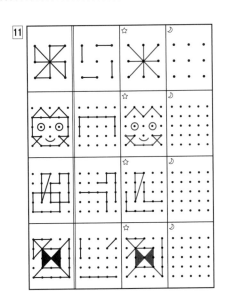

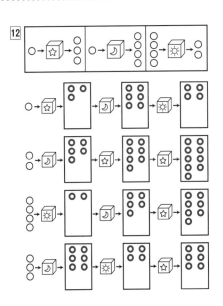

13

※13の2問目は解答省略

2018 解答例

1

2
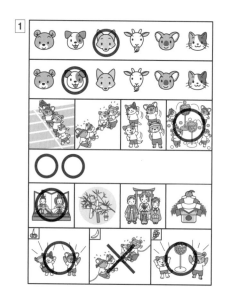

3
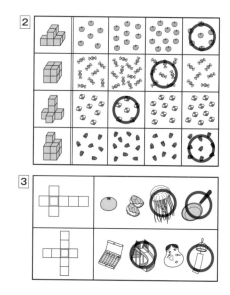

4
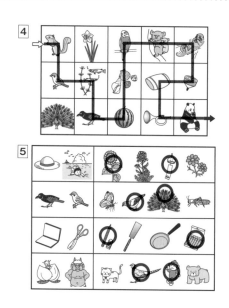

5

6
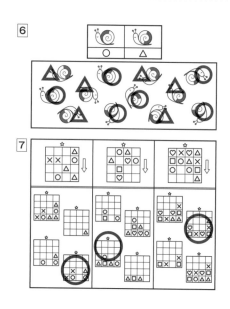

7

8

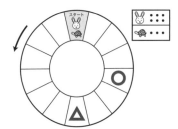

9

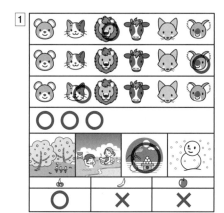

10

11

※11の2問目は解答省略

1

2

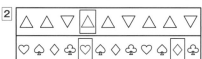

3

4

5

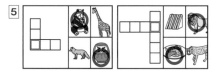

6

7

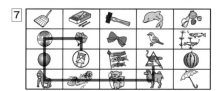

8

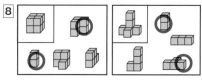

9

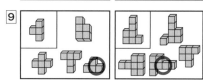

10

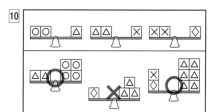

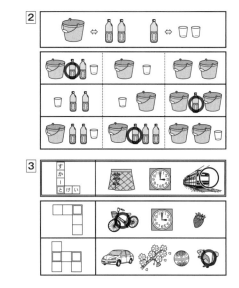

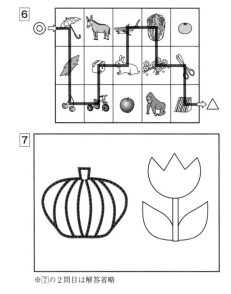

※ 7 の 2 問目は解答省略

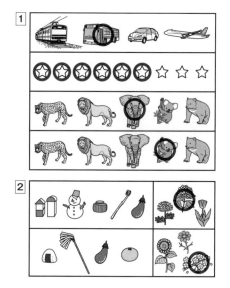

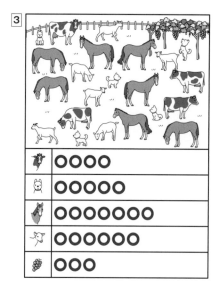

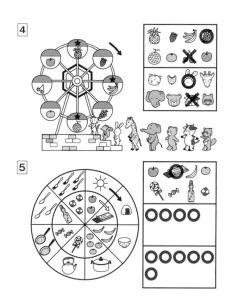

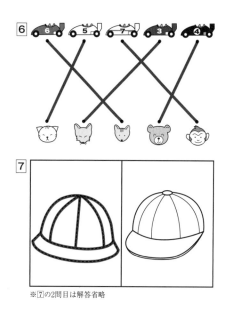

※7の2問目は解答省略

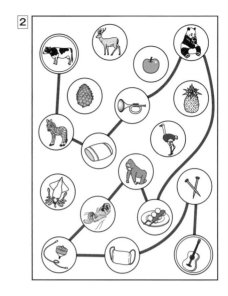

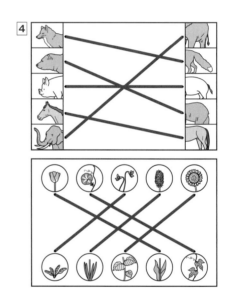

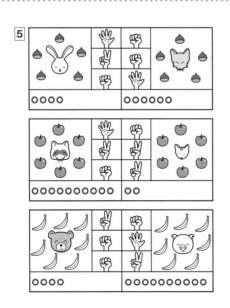

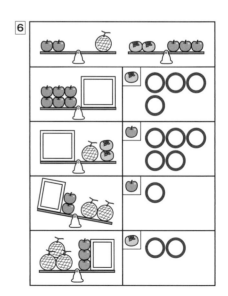

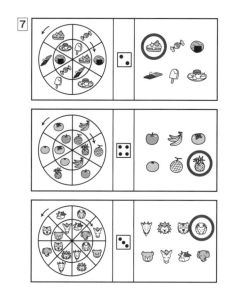

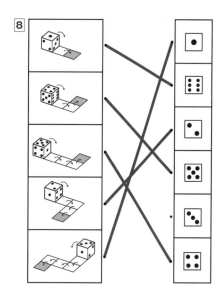

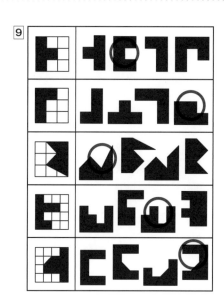

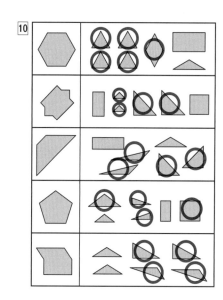

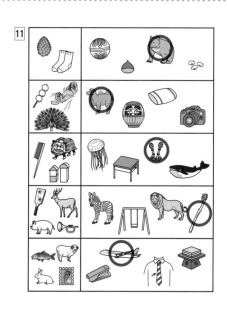

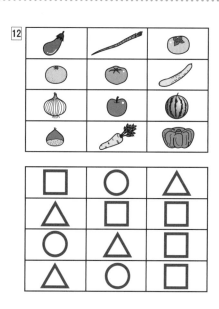

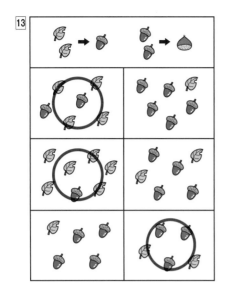

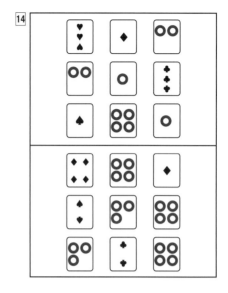

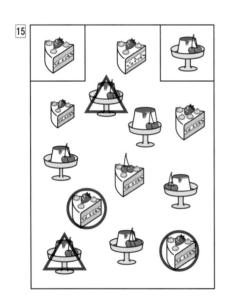

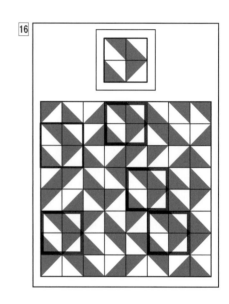

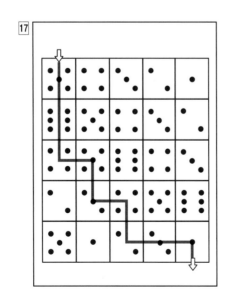

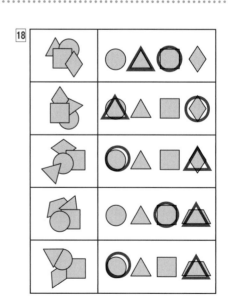

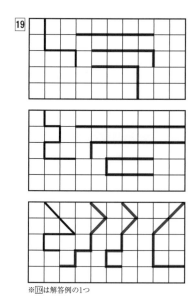

※19は解答例の1つ

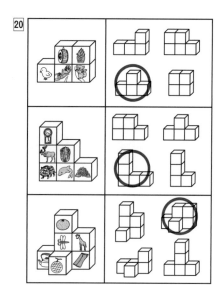

Shinga-kai